Baufinanzierung leicht gemacht

AF285285

Für Leni

FLORIAN HERFURTH

Baufinanzierung leicht gemacht

Bibliografische Information der Deutschen Nationalbibliothek:
Die Deutsche Nationalbibliothek verzeichnet diese Publikation
in der Deutschen Nationalbibliografie;
detaillierte bibliografische Daten sind im Internet
über dnb.dnb.de abrufbar.

© 2021 Florian Herfurth
Satz, Herstellung und Verlag:
BoD – Books on Demand, Norderstedt

ISBN: 978-3-7526-7418-7

Inhalt

Vorwort

Liebe Leserin,
lieber Leser,

viele Menschen in Deutschland träumen von der eigenen Immobilie. Durch das niedrige Zinsniveau ist dieser Wunsch auch einfacher realisierbar – trotz gestiegener Preise für Häuser und Wohnungen. Allerdings sind Baufinanzierungen auch ein komplexes Thema, das kaum ein Laie ohne entsprechende Beratung durchführen kann.

Aber nicht nur Immobilienkäufer finden in diesem Buch wertvolle Hinweise, Tipps und Tricks: Auch wenn Sie auf der Suche nach einer Anschlussfinanzierung, Wegen zur Kapitalbeschaffung oder nach staatlichen Fördermöglichkeiten sind, werden Sie in diesem Werk fündig werden.

Dieses Buch soll Sie dabei unterstützen, Ihre optimale Immobilienfinanzierung zu finden. Es erklärt anschaulich, wie der Planungsprozess abläuft, welche Darlehensformen es gibt und wie Sie den Weg zur Topkondition finden können. Ich bin kein Freund von „Bank-Chinesisch" und erkläre Ihnen die Fachbegriffe anhand von Beispielen.

Neben der reinen Baufinanzierung betrachten wir noch viele wichtige Nebenaspekte: z.B. finanzielle Risiken im Fall von Unfall, Krankheit, Tod oder Scheidung. Ich zeige Ihnen konkrete Absicherungsstrategien für Sie und Ihre Familien auf.

Zusätzlich finden Sie in diesem Buch viele Links zu nützlichen Internetseiten, Finanzierungsrechnern sowie als Bonusmaterial. Auf meiner Internetseite www.florian-herfurth.de/baufi ist alles übersichtlich dazu zusammengefasst.

Dieses Buch wurde im Frühjahr 2021 fertiggestellt und war zu diesem Zeitpunkt auf dem neuesten Stand. Da in unserer schnelllebigen Zeit fortlaufend neue Informationen kommen, empfehle ich Ihnen, meinen Newsletter unter

www.florian-herfurth.de/newsletter

zu abonnieren. Er ist kostenfrei, jederzeit abbestellbar und stets auf dem aktuellen Stand. Damit bleiben Sie immer informiert.

Mit 30 Jahren Erfahrung in der Finanzdienstleistungsbranche bin ich gerne auch für Sie als Ihr persönlicher Baufinanzierungsexperte tätig – persönlich, telefonisch oder in der Onlineberatung. Gemeinsam finden wir die bestmögliche Finanzierung für Ihr individuelles Vorhaben. Ich freue mich auf Sie.

Herzliche Grüße
Ihr Florian Herfurth

Büro: Die Finanzboutique GmbH
               Westendstraße 9
               87439 Kempten (Allgäu)

Telefon: 0831 20691570
Mail: willkommen@florian-herfurth.de
Impressum: www.florian-herfurth.de/impressum

Wie funktioniert eine Baufinanzierung?

Im Prinzip ist es ganz simpel: Sie möchten eine Immobilie kaufen, haben dafür aber nicht genügend Geld. Den erforderlichen Betrag wollen Sie von einer Bank leihen und über einen längeren Zeitraum zurückbezahlen. Neben Banken vergeben auch Bausparkassen und Versicherungen Finanzierungen.

Eine Baufinanzierung können Sie alleine, aber auch gemeinsam mit Ihrem Partner abschließen. Bei zwei Darlehensnehmern haften beide Personen gegenüber der Bank für die Rückzahlung des noch offenen Kreditbetrags. Sehr wahrscheinlich erhöht sich dadurch die Chance, eine Zusage für die gewünschte Baufinanzierung zu erhalten.

Die Bank wird Sie – und insbesondere Ihre finanziellen Verhältnisse – überprüfen, um festzustellen, wie hoch die Wahrscheinlichkeit ist, dass Sie das Darlehen auch zurückbezahlen können. Je besser Ihre Kreditwürdigkeit (auch „Bonität" genannt) ist, desto attraktiver wird der Zinssatz sein, den Ihnen die Bank dafür anbietet.

Dazu zählen Punkte wie regelmäßiges Einkommen, andere Vermögenswerte und Schulden sowie mögliche Probleme bei anderen Verpflichtungen in der Vergangenheit („Schufa-Einträge"). Natürlich interessiert sich der Darlehensgeber auch für Ihre persönlichen Verhältnisse, wie z.B. Ausbildung und Beruf, Arbeitgeber und die familiäre Situation.

Besondere Beachtung findet auch der so genannte „Beleihungs-wert". Dieser besagt, wie hoch der Kredit in Relation des Immo-bilienwerts ist.

Zwei Beispiele:

Kaufpreis der Immobilie:	EUR 500.000
Darlehensbetrag:	EUR 400.000
= Beleihungswert	80 %

Kaufpreis der Immobilie:	EUR 500.000
Darlehensbetrag:	EUR 450.000
= Beleihungswert	90 %

Faustformel: Je niedriger der Beleihungswert ist, desto günstiger werden die Zinsen sein. Oder anders formuliert sinkt der Zins, wenn Sie mehr Eigenkapital zum Kauf der Immobilie verwenden.

Der Topzinssatz wird wahrscheinlich dann erreicht, wenn Sie 40 % des Kaufpreises zzgl. der Anschaffungsnebenkosten selbst bezah-len können und über ein hohes Einkommen verfügen. Aber auch Menschen mit weniger Geld haben gute Chancen, eine Baufinan-zierung zu erhalten. Nur eben zu etwas höheren Zinsen.

Mittlerweile sind Darlehen möglich, die 100 % des Wertes der Im-mobilie ausmachen. Zum Teil werden auch noch die Nebenkosten (z.B. Grunderwerbsteuer, Kosten für Makler, Notar und Grund-bucheintragung) mitfinanziert. Voraussetzung ist, dass Sie ein entsprechend hohes frei verfügbares Einkommen haben und/oder noch 30 Jahre oder länger im Erwerbsleben stehen. Denn bis zu Ihrem Ruhestand sollte der Kredit getilgt sein.

Immobilienfinanzierungen laufen oft über einen Zeitraum von 30 Jahren und länger, bis das Darlehen komplett zurückbezahlt ist. Bei der Antragstellung vereinbaren Sie mit der Bank einen zeitlichen Rahmen, wie lange der Zinssatz für beide Seiten fest vereinbart ist. Dieser Zeitraum wird Zinsbindung genannt. Die Zinsbindung bei Baufinanzierungen kann unterschiedlich lange fixiert werden, z.B. zehn oder 20 Jahre.

Sie können auch andere „krumme" Jahre an Zinsbindung auswählen (z.B. 13 oder 21 Jahre). Das kann Sinn machen, wenn Sie zu einem festen Zeitpunkt sicher einen größeren Betrag erhalten, mit dem das Darlehen (teilweise) abgelöst werden soll (z.B. durch eine fällige Lebensversicherung). Manche Banken mögen jedoch diese „krumme" Anzahl an Jahren nicht und fordern dafür einen höheren Zinssatz.

Ist der Kredit nach Ablauf der Zinsbindung noch nicht komplett zurückbezahlt, müssen Sie dann mit der Bank (oder auch einer anderen) einen weiteren Darlehensvertrag schließen, in dem der Zinssatz und andere Kreditmodalitäten neu vereinbart werden.

Es ist auch möglich, eine „variable" Zinsvereinbarung zu treffen. In diesem Fall hat der Kredit keine feste Laufzeit, der Zinssatz passt sich immer dem aktuellen Kapitalmarkt an. Empfehlenswert ist, das Darlehen bis zum Renteneintritt (weitestgehend) zurückzuzahlen, da sich dann Ihr Einkommen nach unten reduzieren wird.

Das Darlehen wird i.d.R. in monatlichen Raten zurückbezahlt. Die Raten setzen sich aus zwei Bausteinen zusammen: Zins und Tilgung. Der Zins ist nichts anderes als der Preis für das Leihen von

Geld. Mit der Tilgung zahlen Sie das Darlehen ab, dadurch verringert sich Ihre Restschuld.

Zwei Beispiele:

Darlehensbetrag:	EUR 300.000
Zinssatz:	1,00 %
Anfängliche Tilgung:	2,00 %
Monatliche Rate:	EUR 750

Darlehensbetrag:	EUR 500.000
Zinssatz:	0,75 %
Anfängliche Tilgung:	3,00 %
Monatliche Rate:	EUR 1.562,50

Die Höhe des Tilgungssatzes ist enorm wichtig für die Länge der gesamten Laufzeit des Darlehens. Selbst geringe Änderungen verkürzen oder verlängern den Zeitpunkt, bis wann der Kredit komplett zurückbezahlt ist, um Jahre. Welche Spanne dies ist, können Sie dieser Tabelle entnehmen. Wir unterstellen dabei ein Darlehen über EUR 300.000, einen Zinssatz von 1,00 % und eine Zinsbindung von zehn Jahren.

Anfängliche Tilgung	Darlehenslaufzeit
1,00 %	69 Jahre, 5 Monate
1,50 %	51 Jahre, 2 Monate
2,00 %	40 Jahre, 7 Monate
2,50 %	33 Jahre, 8 Monate
3,00 %	28 Jahre, 10 Monate
4,00 %	22 Jahre, 4 Monate
5,00 %	18 Jahre, 3 Monate

Sie sehen, welche Dynamik durch eine höhere Tilgung entsteht. Eine um 0,50 % höhere Tilgung wird für viele Menschen zwar eine etwas höhere Darlehensrate bedeuten, die aber das Gesamtbudget nicht nennenswert belastet. Dadurch reduzieren Sie die Darlehenslaufzeit signifikant und sind früher schuldenfrei.

Um Ihnen die Bedeutung der Höhe des Tilgungssatzes noch besser darzustellen, finden Sie hier noch einige Beispiele über die Höhe der Restschuld nach Ablauf der Zinsbindung. Wir unterstellen dabei ein Darlehen über EUR 300.000, einen Zinssatz von 1,00 % und eine Zinsbindung von zehn Jahren.

Anfängliche Tilgung	Restschuld nach 10 Jahren
1,00 %	EUR 268.462,55
1,50 %	EUR 252.693,79
2,00 %	EUR 236.925,08
2,50 %	EUR 221.156,34
3,00 %	EUR 205.387,59
4,00 %	EUR 173.850,11
5,00 %	EUR 142.312,64

Auch dieses Beispiel zeigt klar auf, dass die Tilgung so hoch wie möglich sein sollte. Natürlich nur in dem Rahmen, dass Sie noch ausreichend Geld für Ihren gewünschten Lebensstandard zur Verfügung haben. Sie profitieren nicht nur davon, monatlich mehr Darlehen zurückzubezahlen und damit die Restschuld zu reduzieren. Vielmehr sparen Sie sich auch Zinsen, da Sie für eine geringe Restschuld natürlich auch weniger Zinsen an die Bank bezahlen müssen.

Als Sicherheit für den Kredit möchte die Bank eine „Grundschuld". Damit besitzt sie das Recht, die Immobilie zu verkaufen, wenn

Sie nicht mehr in der Lage sind, das Darlehen zurückzubezahlen. Die Grundschuld lässt ein Notar ins „Grundbuch" beim örtlichen Amtsgericht eintragen. Dort ist nachvollziehbar, um welches Grundstück es sich handelt, wer der Eigentümer ist und ob Grundschulden vorhanden sind.

Neben einer Grundschuld auf die Immobilie können auch andere Sicherheiten gestellt werden. Zum Beispiel Lebens- oder Rentenversicherungen, die an die finanzierende Bank „verpfändet" werden. Mit einer „Bürgschaft" können Dritte (z.B. die Eltern) zusätzlich für den Kredit haften. Ebenso können auch Grundschulden von anderen Immobilien als zusätzliche Sicherheit abgetreten werden.

Wer neben der Darlehensrückzahlung Geld anspart oder größere Einmalzahlungen erhält (z.B. Bonuszahlungen oder fällige Lebensversicherungen), kann mit der Bank „Sondertilgungsmöglichkeiten" vereinbaren. Damit können Sie einen bestimmten Betrag pro Jahr zusätzlich an die Bank zurückzahlen. Damit tilgen Sie den Kredit schneller und sparen Zinsen. Üblich sind Sondertilgungsmöglichkeiten von 5 % und 10 % pro Jahr. Allerdings kostet diese Option einen kleinen Aufschlag beim Zinssatz.

Der Weg zu Ihrer optimalen Baufinanzierung

Um die Baufinanzierung zu finden, die am besten zu Ihren individuellen Bedürfnissen passt, empfehle ich Ihnen eine konkrete Vorgehensweise, die nachfolgend beschrieben wird. Ratsam ist, sich konkrete Ziele zur Umsetzung zu setzen.

Ziele festlegen

Ich erhalte oft Anfragen von Interessenten, die Ihre Traumimmobilie schon gefunden haben und nun dazu die passende Baufinanzierung suchen. Leider kommt es dabei immer wieder zu Enttäuschungen. Bei der Beratung stellen wir fest, dass zu wenig Eigenkapital oder Einkommen vorhanden ist, um die Finanzierung stemmen zu können. Das ist umso bedauerlicher, wenn sich die Menschen bereits in die Immobilie „verliebt" und mit der Planung für die Einrichtung oder Umbauten begonnen haben.

Sie sollten deshalb – wie bei jedem Projekt – mit der Planung und nicht gleich mit der (unstrukturierten) Umsetzung beginnen. Dazu gehört auch, dass Sie Ihre finanziellen Möglichkeiten, aber auch Grenzen kennen. Damit können Sie besser einschätzen, welcher Kaufpreis oder welche Darlehensratenhöhe für Sie finanziell machbar ist. Entscheidend sind folgende Fragen, die Sie mit sich selbst, aber auch Ihrer Familie abstimmen sollten.

Wann wollen Sie die Immobilie kaufen?

Meistens soll die Wohnung oder das Haus schnellstmöglich gekauft werden. Oftmals gibt es aber spätere Zeitpunkte, die besser geeignet sind. So kann z.b. absehbar sein, dass sich Gehaltssteigerungen ergeben, womit eine höhere Kreditrate vertretbar wäre. Oder Sie erhalten Einmalzahlungen (z.b. Gehaltsbonus, fälliger (Bau-)Sparvertrag oder Schenkungen).

Häufig wird der Kauf einer Immobilie auch mit einer familiären Veränderung verbunden: Wer einen Kinderwunsch hat, schafft am besten vor der Geburt ausreichend Platz in Form eines größeren Eigenheims. Auch die umgekehrte Reihenfolge kommt vor. Wenn die Kinder groß geworden sind und ihre eigenen Wege gehen, verkleinert sich der Wohnraumbedarf. Wer dann keine Lust mehr hat, ein großes Haus zu putzen, Renovierungen durchzuführen oder sich um den Garten zu kümmern, zieht gerne in eine gemütliche Wohnung und genießt die Freizeit dort.

Welche Immobilienform ist die richtige?

Muss es gleich ein großes Haus im bevorzugten Stadtviertel sein oder ist vielleicht ein etwas kleineres Objekt bzw. in ländlicher Region besser geeignet? Potentielle Immobilienbesitzer sind gut beraten, sich um Art, Größe und Lage des zukünftigen Domizils gründlich Gedanken zu machen.

Ein Haus ist oft repräsentativ und stellt mehr dar als eine Wohnung. Allerdings ist damit auch mehr Arbeit verbunden. In einer Wohnung ist der Aufwand deutlich geringer. Auch kann eine

Wohnung für Leute interessant sein, die sich schwer mit Sparen tun. Die Hausverwaltung zieht die von der Eigentümerversammlung festgelegten Rücklagen monatlich ein und bezahlt davon anstehende Renovierungen.

Das Risiko, diese Geldreserve anderweitig für Konsum zu verwenden, ist damit nicht vorhanden. Hauseigentümer müssen dies hingegen selbst machen. Sofern Rücklagen vorhanden sind, lässt sich mancher leicht dazu verleiten, diese – statt für den vorgesehenen Zweck – für den nächsten Urlaub oder ein neues Auto zu verwenden. Wenn dann das Dach undicht ist, muss womöglich wieder ein Kredit aufgenommen werden, um den Handwerker zu bezahlen.

Aufgrund der hohen Immobilienpreise sind immer mehr Menschen bereit auch Häuser oder Wohnungen zu kaufen, die dringend sanierungsbedürftig sind. Für solche Objekte war vor über zehn Jahren ein deutlich kleinerer Markt vorhanden, mittlerweile werden stolze Preise dafür bezahlt. Können Sie sich wirklich vorstellen, (gemeinsam mit Ihrer Familie) langfristig in einem solch baufälligen Objekt zu leben?

Es kann durchaus besser sein, eine kleinere Immobilie zu erwerben oder in einem Mietobjekt wohnen zu bleiben. Vielleicht ergibt sich ja später noch eine lukrative Möglichkeit zum Kauf eines Hauses oder einer Wohnung. Denken Sie dabei nicht nur an Ihre aktuelle Lebensphase, sondern auch an spätere. Gerade wenn die Zahl der Mitbewohner steigt oder sinkt, ist oft Anpassungsbedarf an den Wohnraum gegeben. Auch können später gesundheitliche Einschränkungen für einen Umzug sprechen.

Wie sind Ihre nächsten Lebensphasen geplant?

Zunächst sollten Sie sich darüber klar werden, wie groß Ihre Familie einmal werden soll. Kinder bereichern das Leben, aber brauchen auch Platz. Hausbesitzer lassen ihre Kinder im eigenen Garten spielen und haben auch Rückzugsmöglichkeiten für ihre Privatsphäre. Wenn Ihre Kinder schon größer sind, müssen Sie auch daran denken, dass diese später einmal ausziehen werden.

Auch berufliche Veränderungen sind möglich. Wenn Sie Ihren Arbeitsplatz in eine andere Stadt wechseln, wo pendeln aufgrund der Distanz ausscheidet, gibt es zwei Möglichkeiten: Sie verkaufen die jetzige Immobilie (bzw. vermieten sie) und ziehen mit der ganzen Familie um. Oder Sie legen sich am neuen Standort einen Zweitwohnsitz zu, der auch bezahlt werden muss. Mieter haben es in diesem Fall deutlich leichter, sie kündigen einfach und mieten ein neues Objekt in der Nähe des zukünftigen Arbeitsplatzes.

Bedenken Sie, dass sich auch Partnerschaften im Laufe der Jahre verändern können. Planen die meisten Paare den Kauf der eigenen Immobilie im Hinblick auf die gemeinsame Zukunft im Eigenheim sehr emotional und mit einer „rosaroten Brille", so fetzen sich dieselben oft massiv bei einer Trennung. Wie wird in diesem Fall mit der Immobilie umgegangen – bleibt ein Partner (mit den Kindern) dort wohnen und findet den anderen finanziell dafür ab?

In meiner Bankerkarriere habe ich auch zahlreiche Trennung auf der finanziellen Seite begleitet. Am ehesten konnten beide Partner mit einer für sie zufriedenstellenden Lösung leben, wenn dieses Szenario bereits vor dem Immobilienerwerb klar geregelt wurde.

Natürlich ist dies nicht romantisch und wer denkt schon gerne bei der Planung zum Eigenheim an eine Trennung.

In Deutschland wird jede dritte Ehe geschieden – sind Sie ganz sicher, dass Ihnen dies nicht passieren könnte? Oder möchten Sie jahrelang mit Ihrem (jetzt geliebten) Partner unter einem Dach leben, wenn die Beziehung längst komplett zerrüttet ist? Dies geschieht öfter, als Sie denken: Für beide Partner ist es aus finanziellen Gründen einfach nicht möglich, aus der Immobilie auszuziehen.

Ich empfehle Ihnen, auch negative Szenarien im Vorfeld durchzuspielen. Legen Sie dabei auch schon Regelungen fest, wie bei einer Trennung mit der Immobilie verfahren werden soll.

Welchen Lebensstandard möchten Sie?

Sofern Sie nicht über hohes Eigenkapital verfügen, das Sie in die Finanzierung der Immobilie mit einbringen, wird die Darlehensrate sehr wahrscheinlich höher als Ihre aktuelle Miete sein. Hinzu kommt, dass Sie für spätere Renovierungen oder barrierefreie Umbauten Rücklagen bilden sollten (z.B. EUR 1,00 pro Quadratmeter Wohnfläche im Monat). Sie werden daher, gerade zu Beginn der Darlehenstilgung, finanzielle Einschränkungen in Kauf nehmen müssen.

Durch die kontinuierliche Darlehenstilgung bauen Sie auf der anderen Seite Vermögen in Form der (mehr und mehr) schuldenfreien Immobilie auf. Sparen bedeutet letztendlich nichts anderes als Konsumverzicht. Seien Sie ehrlich zu sich selbst und legen Sie fest, welchen Lebensstandard Sie sich auch nach dem Einzug in die eigene Immobilie leisten wollen. Oder andersherum formuliert: Wie viel Geld steht noch für die Bedienung der Kreditraten zur Verfügung?

Wer nicht vorplant, geht hohe Risiken ein. Sie werden womöglich unzufrieden werden, da Sie sich finanziell stärker einschränken müssen, als Sie dazu bereit sind. Dies wirkt sich auch nicht selten negativ auf eine Partnerschaft aus.

Wie hoch ist Ihr Sicherheitsbedürfnis?

Beachten Sie bei der Festlegung Ihrer Ziele, dass im Leben auch ungeplante Ereignisse eintreten können. Zum Beispiel Schwangerschaft, Arbeitslosigkeit, Scheidung, Arbeitsunfähigkeit oder Tod bedeuten ggf. massive Auswirkungen für Sie, Ihre Familie und Ihre Finanzen. Ich weiß, niemand beschäftigt sich gern mit unangenehmen Themen. Aus meiner langjährigen Praxis kann ich Ihnen jedoch bestätigen, dass solche Situation immer wieder auftreten. Wer sich im Vorfeld schon passende Maßnahmen zur Risikovorsorge zurechtlegt, ist im Ernstfall besser abgesichert.

In diesem Themenbereich fällt auch die Entscheidung, wie lange Sie den Zinssatz Ihrer Finanzierung festschreiben wollen. Laufzeiten von z.B. zehn Jahren sind günstiger als längere Zinsbindungen. Allerdings haben Sie das Risiko, dass das Zinsniveau zum Zeitpunkt der Darlehensverlängerung (deutlich) höher ist. Welcher Typ sind Sie: zunächst ein paar Tausend Euro Zinsen sparen mit dem Risiko, später eine deutlich höhere Rate begleichen zu müssen? Oder setzen Sie auf Sicherheit und fixieren den Zinssatz gleich bis zur kompletten Tilgung der Finanzierung, auch wenn dies zu Beginn teurer ist?

Fazit

Sie sind gut beraten, wenn Sie in dieser Phase ehrlich zu sich selbst sind. Diskutieren Sie die Fragen wiederholt und schreiben Sie auf, was Ihnen wichtig ist. Sprechen Sie sich auch mit Ihrer Familie gut ab. Daraus können sich noch andere Fragen ergeben, als in diesem Buch aufgeführt sind. Es sind entscheidende Weichenstellungen, die Sie womöglich ein ganzes Leben lang begleiten.

Budgetplanung

Sie stehen nun ganz am Anfang Ihres Finanzierungsprozesses. Für Immobilienkäufer ist natürlich die Versuchung groß, zuerst Häuser und Wohnungen zu besichtigen oder einen Architekten mit der Planung eines Neubaus zu beauftragen. Schließlich steht die Immobilie im Fokus Ihres Vorhabens, die Finanzierung ist nur ein Mittel zum Zweck.

Ich empfehle trotzdem, zuerst in den – zugegeben trockenen – kaufmännischen Planungsprozess einzusteigen. Typisch sind für diese Phase folgende Rechnungen:

- Wie hoch darf die monatliche Belastung durch die Darlehensrate maximal sein?
- Höchstpreis der Immobilie?
- Wie viel Eigenkapital muss ich aufbauen bzw. soll ich in der Finanzierung einsetzen?

Um Antworten auf diese Fragen zu erhalten, müssen Sie eine Budget- oder auch Haushaltsplanung durchführen. Ich empfehle

Ihnen, dazu ein Haushaltsbuch mit allen Einnahmen und Ausgaben zu führen.

Eine Excel-Vorlage für ein Haushaltsbuch finden Sie z.B. in meinem Notfallordner, den Sie unter www.florian-herfurth.de/notfallordner/ bestellen können.

Vermögensbilanz

Um zu wissen, wie viel Eigenkapital Sie in die Finanzierung einbringen können, ist es ratsam, eine Vermögensbilanz zu erstellen.

Wie in einer Unternehmensbilanz werden dabei in Aktiva (Guthaben) und Passiva (Fremd- und Eigenkapital) alle vorhandenen Werte aufgeführt.

Aktiva	Passiva
Bargeld	Dispokredite
Bankguthaben	Kurzfristige Kredite
Wertpapiere	Bauspardarlehen
Bausparverträge	Baufinanzierungen
Lebens- und Rentenversicherungen	Eigenkapital
Andere Sachwerte (Uhren, Münzen ...)	
Immobilien	
Unternehmerische Beteiligungen	
Saldo	Saldo

In den Aktiva sehen Sie, wie Sie Ihre Mittel verwenden, in den Passiva, wie diese finanziert wurden. Wenn Sie vom Wert der gesamten

Aktiva alle Verbindlichkeiten abziehen, erhalten Sie den Wert Ihres Eigenkapitals (oder auch Nettovermögens).

Von Bedeutung sind die Positionen auf der linken Seite der Bilanz, die Sie eben als Eigenkapital (oder auch als zusätzliche Sicherheit) in die Finanzierung mit einbringen können. Der gegenüberliegenden Seite können Sie auch Ihren Verschuldungsgrad entnehmen, der natürlich nicht zu hoch werden sollte.

Beispiel

Aktiva		Passiva	
Bargeld	EUR 1.000	Kredit für Kfz	EUR 7.500
Girokonto	EUR 2.000	Eigenkapital (Nettovermögen)	EUR 55.500
Tagesgeldkonto	EUR 25.000		
Bausparverträge	EUR 15.000		
Rentenversicherungen	EUR 20.000		
Saldo	EUR 63.000	Saldo	EUR 63.000

In diesem Beispiel betragen die Aktiva EUR 63.000. Dieser Betrag steht jedoch nicht uneingeschränkt für den Immobilienkauf zur Verfügung. Als „eiserne Reserve" sollten drei bis sechs Monatsgehälter vorhanden sein. Die Rentenversicherung aufzulösen ist keine gute Option. Ggf. kann Sie jedoch als zusätzliche Sicherheit in die Finanzierung eingebracht werden, der Fachmann spricht dann von einer „Verpfändung".

Folgende Werte eignen sich als Eigenkapital oder Zusatzsicherheit in einer Baufinanzierung:

Bargeld oder Kontoguthaben

Vorteile: zumeist kurzfristig verfügbar
Nachteile: Sie verschlechtern Ihre Liquidität, Guthabenzinsen
             werden Ihnen wohl kaum entgehen.
Sicherheit: i.d.R. Berücksichtigung zu 100 %

Bausparguthaben

Vorteile: Sie bauen Guthaben auf, das Sie später in die Finan-
             zierung einbringen können, z.b. zur Ablösung von
             Bankdarlehen, aber auch für Renovierungen oder
             Modernisierungen.
Nachteile: Bei Kündigung verlieren Sie den Darlehensan-
             spruch, die Kündigungsfristen betragen i.d.R. drei
             bis sechs Monate.
Sicherheit: i.d.R. Berücksichtigung zu 100 %

Wertpapiere

Vorteile: i.d.R. leicht veräußerbar
Nachteile: mitunter sehr hohe Wertschwankungen
Sicherheit: Je nach Bank werden 0 % bis 80 % als Sicherheit
             akzeptiert.

Lebens- und Rentenversicherungen

Vorteile: Rückkaufswert ist oft klar definiert
Nachteile: i.d.R. sehr teuer und wenig Rendite
Sicherheit: je nach Ansatz zwischen 60 % und 100 %

Eigenleistung („Muskelhypothek")

Vorteile:	Wer handwerklich geschickt ist, kann bestimmte Arbeiten (gerade beim Neubau) selbst durchführen, wodurch der Wert des Objekts gesteigert wird.
Nachteile:	hohe zeitliche Belastung, womöglich neben einem Vollzeitjob; Nachweis für den Finanzierer erforderlich, keine Gewährleistungsansprüche
Sicherheit:	häufig auf max. 10 % bis 15 % der Baukosten begrenzt (bzw. TEUR 10 bis 50); wird unterschiedlich gehandhabt

Un- bzw. teilbelastete Immobilien

Vorteile:	Sicherheit erhöht sich, eigene Grundstücke werden bei Neubau als Eigenkapital betrachtet
Nachteile:	Falls Darlehen nicht zurückbezahlt werden, können die beliehenen Objekt zwangsverkauft werden.
Sicherheit:	abhängig vom Wert der Objekte

Beispiel

Ein Ehepaar möchte ein Haus bauen:

Kaufpreis:	EUR 500.000
Nebenkosten:	EUR 50.000
Gesamtkosten:	EUR 550.000

Folgende Bausteine sollen in die Finanzierung eingebracht werden:

Kontoguthaben: EUR 50.000

Guthaben auf einem
Bausparvertrag: EUR 30.000
Eigenleistung im
Gegenwert von: EUR 15.000

Dabei wird wie folgt vorgegangen:

- Mit dem Kontoguthaben können die Nebenkosten direkt bezahlt werden.
- Der Bausparvertrag ist erst in drei Jahren „zuteilungsreif". Dann steht ein Bauspardarlehen von EUR 80.000 zur Verfügung, womit Teile der bestehenden Finanzierung abgelöst werden sollen.
- Der Ehemann ist Elektriker und kann dadurch Arbeiten im Gegenwert von EUR 15.000 beim Bau selbst vornehmen. Der Kaufpreis reduziert sich dadurch um diese Summe auf EUR 485.000.

Tipp: Fragen Sie doch mal in der Familie oder bei Ihrem Arbeitgeber nach, ob die Möglichkeit eines Darlehens besteht, möglicherweise sogar zinsfrei. Sie können dieses als weiteres Eigenkapital in die Finanzierung einbringen und verbessern dadurch Ihre Konditionen. Aber Achtung: Auch solche Darlehen müssen zurückbezahlt werden! Nehmen Sie nur so viel auf, wie Sie bequem (zzgl. der Bankdarlehen) zurückbezahlen können.

Überspringen können Sie diesen Planungsschritt (genauso wie den nächsten) übrigens nicht. Spätestens nachdem Sie eine Finanzierungsanfrage gestellt haben, wird die Bank im Rahmen der Darlehensprüfung ebenfalls diese Daten von Ihnen abfragen. Wer gut vorbereitet ist, spart in dieser erfahrungsgemäß stressigen Phase der Darlehensprüfung Zeit und Nerven.

In meinem Notfallordner finden Sie auch eine digitale Vorlage für Ihre Vermögensbilanz. Sie können ihn unter www.florian-herfurth.de/notfallordner/ bestellen.

Liquiditätsplanung

Als Nächstes wollen wir herausfinden, welches Budget für die regelmäßigen Kreditraten zur Verfügung steht: Dazu müssen Sie eine Übersicht erstellen, in der fixe Einnahmen und Ausgaben gegenübergestellt sind. Variable Einkünfte (z.B. Bonuszahlungen) setzen die meisten Banken gar nicht erst an. Schließlich ist nicht sicher, ob – und in welcher Höhe – sie ausbezahlt werden.

Einnahmen	Ausgaben
Nichtselbstständige Tätigkeit	Lebenshaltungskosten (Ansatz 40 % der Nettoeinkünfte (ohne Mieteinnahmen) oder EUR 650 p.M. zzgl. EUR 200 für jede weitere Person)
Selbstständige Tätigkeit	PKW EUR 250
Kapitalanlagen (Zinsen, Dividenden)	Ratenkredite und andere Darlehensraten
Vermietung und Verpachtung	Bewirtschaftungskosten (EUR 2,50 pro qm)
Sonstige Einkünfte (z.B. Kindergeld)	Miete (für andere Objekte)
	Rücklagen (EUR 1,00 pro qm)
Saldo	**Saldo**

Ziehen Sie von den gesamten Einnahmen den Saldo aller Ausgaben ab. Wenn Sie die neue Immobilie selbst beziehen, können Sie die Kaltmiete für Ihren bisherigen Hauptwohnsitz bei den Ausgaben streichen – sie fällt schließlich nach dem Umzug nicht mehr an.

Dies entspricht der maximalen monatlichen Zusatzbelastung durch die neue Darlehensrate. Die Bank wird dabei nicht jede Einkommensform in ihre Kalkulation einfließen lassen. So können Minijobs innerhalb von vier Wochen gekündigt werden und finden daher meist keine Berücksichtigung. Einnahmen als selbstständiger Tätigkeit sind oft Schwankungen unterworfen, bei vermieteten Wohnungen können Leerstände entstehen.

Berücksichtigen Sie unbedingt, dass sich Ihre Einkommenssituation – positiv wie negativ – verändern kann. Spielen Sie ebenfalls Szenarien wie Familienzuwachs, Arbeitslosigkeit, längere Krankheit und Tod durch.

Falls das Grundstück nicht gekauft, sondern eine „Erbpacht" besteht, müssen Sie diese quartalsweise an den Eigentümer bezahlen. Unter Erbpacht wird quasi die langfristige Miete des Grundstücks verstanden. Dies dürfen Sie nicht in Ihrer Liquiditätsplanung vergessen.

Wichtig: Jede Bank hat eine unterschiedliche Sichtweise, wie diese Haushaltsrechnung zu erstellen ist. Es ist nicht unüblich, dass künftige Darlehensnehmer ihre Einnahmen optimistischer berechnen, als die Bank diese einschätzt.

Eine „negative Haushaltsrechnung" bedeutet, dass – aus Sicht des Kreditinstituts – keine Möglichkeit besteht, die sichere Bezahlung der angefragten Kreditrate langfristig zu gewährleisten. Dies führt zu einer Ablehnung des Darlehens.

Das ist ein weiterer Grund, bei einer Finanzierungsberatung auf einen Berater zurückzugreifen, der nicht nur Darlehen von einer oder wenigen Banken vermittelt. Ein umfassendes Netzwerk von vielen Finanzierungspartnern erhöht in diesem Fall die Chance, eine Bank zu finden, die die jeweilige Haushaltsrechnung positiv sieht und die Finanzierung deshalb genehmigt.

Beispiel

Einnahmen		Ausgaben	
Nettoeinkommen Ehemann	EUR 3.000	Lebenshaltungs-kosten	EUR 1.050
Nettoeinkommen Ehefrau	EUR 400	PKW	EUR 250
Kindergeld	EUR 204	Versicherungen	EUR 200
		Bewirtschaftungs-kosten des Hauses	EUR 350
		Rücklagen	EUR 140
Saldo	EUR 3.604	Saldo	EUR 1.990

Die Differenz zwischen Einnahmen und Ausgaben beträgt EUR 1.614. Dieser Betrag steht – theoretisch – als maximale monatliche Darlehensrate zur Verfügung. Es ist empfehlenswert, etwas Puffer einzukalkulieren.

Ich biete auf meiner Internetseite einige nützliche und kostenfreie Tools und Rechner, um das Budget besser planen zu können.

Volltilgungsrechner: Sie möchten zu einem bestimmten Zeitpunkt schuldenfrei sein? Mit diesem Tool können Sie berechnen, wie hoch dazu der anfängliche Tilgungssatz und die monatliche Rate sein müssen.

www.florian-herfurth.de/volltilgungsrechner

Budgetrechner: Welche Immobilie können Sie sich leisten?
www.florian-herfurth.de/budgetrechner

Mietkaufrechner: Was ist günstiger – kaufen oder mieten?
www.florian-herfurth.de/mietkaufrechner

Tilgungsrechner: Ermitteln Sie Ihre optimale Ratenhöhe.
www.florian-herfurth.de/tilgungsrechner

Darlehenskalkulation

Sie kennen nun Ihr Eigenkapital, das in die Finanzierung mit eingebracht werden kann. Ebenso wissen Sie, wie hoch die monatliche Kreditrate sein darf. Wir sehen uns nun an, wie sich die maximale Darlehenssumme daraus errechnet.

Zur Berechnung benötigen wir drei Angaben: den Zinssatz, die Höhe des Tilgungssatzes sowie die gewünschte monatliche Ratenhöhe.

Wir rechnen wieder mit einem Beispiel:

| Zinssatz | 1,0 % (= 25 % der Gesamtrate) |
+ Tilgungssatz	3,0 % (= 75 % der Gesamtrate)
= Gesamtwert	4,0 % (= 100 % der Gesamtrate)

Gewünschte Ratenhöhe   EUR 1.500

Die erste monatliche Darlehensrate wird sich daher wie folgt zusammensetzen:

| Zinsen | EUR 375 (= 25 % der Gesamtrate) |
Tilgung	EUR 1.125 (= 75 % der Gesamtrate)
= Gesamtrate	EUR 1.500 (= 100 % der Gesamtrate)

Da die Ratenbelastung monatlich erfolgt, müssen wir zur Berechnung der maximalen Darlehenssumme errechnen, wie viel in den ersten zwölf Monaten des Darlehens getilgt wird:

Monatliche Tilgung EUR 1.125 * 12 Monate
= EUR 13.500 in den ersten zwölf Monaten

Mit diesem Betrag und der anfänglichen Tilgungsrate von 3,0 % können wir nun die maximale Darlehenssumme errechnen:

$$\frac{\text{Tilgung EUR } 13.500 * 3,0 \text{ \% Tilgungssatz}}{100}$$

Das Ergebnis dieses Dreisatzes entspricht EUR 450.000, was gleichzeitig die maximale Darlehenssumme ergibt.

Durch die sofortige Tilgung reduziert sich bei jeder Rate der Anteil der Zinsen bzw. es erhöht sich der Anteil der Tilgung. Dies findet jedoch in unserem Beispiel zur Berechnung der maximalen Darlehenshöhe keine Berücksichtigung.

Die Rechnung mag auf den ersten Blick etwas kompliziert aussehen, ist im Grunde aber recht einfach. Um Ihnen die Kalkulation zu erleichtern, können Sie auch auf meinen vorhin schon erwähnten Budgetrechner zugreifen:

www.florian-herfurth.de/budgetrechner

Kaufnebenkosten

Für die Kalkulation der maximalen Darlehenssumme ist es wichtig zu wissen, dass Sie nicht nur den Kaufpreis der Immobilie bezahlen müssen, sondern auch die Nebenkosten.

Folgende Positionen müssen Sie dabei berücksichtigen:

- Maklercourtage: Falls ein Immobilienmakler tätig war, fällt für dessen Dienstleistung eine Provision an. Die Provisionssätze sind unterschiedlich, z.T. verhandelbar, und liegen je nach Bundesland zwischen 3 % und 8 % zzgl. Mehrwertsteuer. Seit 23.12.2020 gilt eine neue Regelung: Die Bundesregierung hat festlegt, dass Käufer nicht mehr Provision als Verkäufer bezahlen dürfen.
- Notar- und Grundbuchkosten: Für die Beurkundung des Kaufvertrags, die Bestellung einer Grundschuld sowie die Eintragung ins Grundbuch fallen ca. 1,5 % des Kaufpreises an Gebühren

an. Sollten Sie später eine weitere Grundschuld eintragen oder eine bestehende bei einer Darlehensumschuldung an eine andere Bank übertragen lassen, entstehen dafür ebenfalls Kosten, wenn auch weniger. Wie viel dies ausmacht, können Sie im „Notar- und Grundbuchrechner" auf meiner Internetseite bequem ausrechnen lassen:

www.florian-herfurth.de/notarkosten

• Grunderwerbsteuer: Auch der Staat möchte seinen Anteil an Ihrem Immobilienkauf in Form einer Grunderwerbsteuer haben. Diese ist in den einzelnen Bundesländern unterschiedlich hoch: in Bayern und Sachsen fallen „nur" 3,5 % an; dagegen verrechnen Brandenburg, Nordrhein-Westfalen, Schleswig-Holstein und das Saarland 6,5 %. Die Sätze in den anderen Bundesländern liegen dazwischen.

Bundesland	Grunder-werbsteuer	Höhe Grunderwerb-steuer bei Kaufpreis EUR 500.000
Baden-Württemberg	5,0 %	EUR 25.000
Bayern	3,5 %	EUR 17.500
Berlin	6,0 %	EUR 30.000
Brandenburg	6,5 %	EUR 32.500
Bremen	5,0 %	EUR 25.000
Hamburg	4,5 %	EUR 22.500
Hessen	6,0 %	EUR 30.000
Mecklenburg-Vorpommern	6,0 %	EUR 30.000
Niedersachsen	5,0 %	EUR 25.000
Nordrhein-Westfalen	6,5 %	EUR 32.500
Rheinland-Pfalz	5,0 %	EUR 25.000

Bundesland	Grunder-werbsteuer	Höhe Grunderwerb-steuer bei Kaufpreis EUR 500.000
Saarland	6,5 %	EUR 32.500
Sachsen	3,5 %	EUR 17.500
Sachsen-Anhalt	5,0 %	EUR 25.000
Schleswig-Holstein	6,5 %	EUR 32.500
Thüringen	6,5 %	EUR 32.500

Für bestimmte „bewegliche" Gegenstände, wie z.b. eine Küche, fällt keine Grunderwerbsteuer an, wenn dies entsprechend im Kaufvertrag festgehalten ist. Der Rahmen hierfür ist aber begrenzt, da der Staat natürlich Steuerschlupflöcher unterbindet. Am besten Fragen Sie dazu Ihren Steuerberater.

• Gutachten: Um einen fairen Wert der Immobilie feststellen zu lassen, kann ein Gutachter beauftragt werden. Gerade bei älteren Häusern oder Wohnung kann dies sinnvoll sein. Die Kosten richten sich nach Aufwand des Gutachters. Ob Sie auf dessen Dienstleistung zurückgreifen, ist optional.

Bedenken Sie auch, dass die Nebenkosten mit Ihrer Unterschrift auf dem notariellen Kaufvertrag „weg" sind. Bei den aktuellen Immobilienpreisen sind dies schnell Summen von EUR 50.000 und mehr. Manche Kaufinteressenten mit knappem Budget denken sich womöglich, bei finanziellen Engpässen die Immobilie ggf. später einfach wieder zu verkaufen. Das ist zwar möglich – die Nebenkosten bekommen sie aber trotzdem nicht wieder zurück.

Beispiel

Kauf eines gebrauchten Hauses in Nordrhein-Westfalen für EUR 600.000 inkl. Grundschuldbestellung über EUR 500.000 für ein Bankdarlehen in gleicher Höhe. EUR 100.000 werden als Eigenkapital eingebracht.

Kaufpreis	EUR 600.000
+ Maklercourtage (3,0 % zzgl. MwSt.)	EUR 21.420
+ Notar- und Grundbuch	EUR 7.473
+ Grunderwerbsteuer (6,5 %)	EUR 39.000
= Gesamtkosten	EUR 667.893

In diesem Beispiel betragen die Nebenkosten die stolze Summe von fast EUR 68.000, was die Gesamtkosten um über 11 % verteuert.

Die Nebenkosten müssen daher in der Darlehenskalkulation unbedingt berücksichtigt werden. In diesem Beispiel werden rund 2/3 des eingebrachten Eigenkapitals für die Begleichung der Nebenkosten aufgebraucht. Aufgrund der stark gestiegenen Immobilienpreise kommt dies gar nicht mehr so selten vor. Wir benötigen deshalb ein Darlehen in folgender Höhe:

Gesamtkosten	EUR 667.892
./. Eigenkapital	EUR 100.000
= Darlehenssumme	EUR 567.892

Der Einfachheit halber runden wir die Darlehenssumme auf EUR 568.000 auf, was auch bei Banken üblich ist. Hierdurch ergibt sich folgender Beleihungswert:

Wert der Immobilie	EUR 600.000
Darlehenssumme	EUR 568.000
= Beleihungswert	94,67 %

Ein wichtiger Hinweis: Die Bank wird als Immobilienwert nicht zwangsläufig den Kaufpreis ansetzen, sondern mit Abschlägen in der Bewertung arbeiten. Gerade bei gebrauchten Immobilien, die hochwertig renoviert wurden, klaffen diese Werte oft deutlich auseinander.

Man mag dies als ungerecht empfinden, da der Beleihungswert schließlich eine entscheidende Größe für die Höhe des Zinssatzes ist. In der Realität kommt dies jedoch gar nicht so selten vor. Wundern Sie sich daher nicht, wenn die Bank den Wert Ihrer Immobilie niedrigrechnet.

Sie wissen nun alles Wesentliche, was an Berechnungen für eine Baufinanzierung notwendig ist. Wer Mathe nicht sonderlich mag, kann nun aufatmen, wir sehen uns nun in den nächsten Kapiteln an, was sonst noch bei einer Baufinanzierung wichtig ist.

Finanzierungsbereiche

Baufinanzierungen beziehen sich zwar immer auf Darlehen, die mit Immobilien besichert werden. Neben dem Kauf von neuen und gebrauchten Immobilien gibt es noch mehr Anlässe. Diese sehen wir uns nun an.

Neubau

Neubauten bringen den Vorteil, dass diese so geplant und errichtet werden, wie Sie sich das vorstellen. Von Renovierungsmaßnahmen bleiben Sie mindestens die nächsten zehn Jahre verschont. Die Herausforderung liegt darin, vorab planen zu müssen, was der Bau kostet. Mit dieser Kalkulation können Sie sich dann um eine passende Finanzierung bemühen. Es passiert jedoch immer wieder, dass die Kosten während der Bauphase aus dem Ruder laufen.

Achten Sie unbedingt darauf, dass Ihr vorgegebenes Budget eingehalten wird! Wenn Sie für das Bauvorhaben am Ende mehr Geld zur Begleichung der Rechnungen benötigen, als durch Eigenkapital und Darlehen zur Verfügung stehen, müssen Sie über eine „Nachfinanzierung" weiteres Kapital aufnehmen. Die Banken wissen um den Umstand, dass Sie nun zwingend Geld benötigen, und können entsprechend hohe Zinssätze durchsetzen (was in der Praxis leider nicht selten vorkommt).

Kauf einer bestehenden Immobilie

Einfacher haben es in dieser Hinsicht die Käufer von bestehenden Immobilien. Sie verhandeln mit dem Verkäufer den Preis und haben in dieser Hinsicht Klarheit. Ein Risiko besteht darin, Mängel und anstehende Renovierungsmaßnamen nicht zu erkennen und bewerten zu können. Hierbei kann womöglich ein Gutachter eine gute Unterstützung sein.

Ein Problem beim Kaufwunsch liegt in der anhaltend großen Nachfrage nach Immobilien. Ein Objekt kann nur einmal verkauft werden. Wenn mehrere Kaufinteressenten vorhanden sind, entscheidet primär natürlich die Höhe des Preisangebots. Ein weiterer entscheidender Faktor ist daher, möglichst schnell eine Finanzierungsbestätigung zu haben und damit ein konkretes Kaufangebot abgeben zu können.

Falls Sie in dieser Phase erst auf die Suche nach einer passenden Finanzierung gehen, verlieren Sie wertvolle Zeit. Bereiten Sie sich deshalb vor und stimmen Sie sich vorab mit einem (unabhängigen) Finanzierungsberater ab. Dieser kann Ihre persönlichen Daten bereits in der EDV speichern und muss nur die Angaben des Objekts ergänzen. Auf dieser Basis kann schnell ein maßgeschneidertes Finanzierungsangebot für Sie erstellt werden, und Sie gewinnen hierdurch einen Zeitvorsprung vor anderen Kaufinteressenten.

Anschlussfinanzierung

Baufinanzierungen sind über eine gewisse Zeit festgeschrieben. Oft ist eine Laufzeit von zehn Jahren vorhanden. Danach muss eine neue Finanzierung für die noch vorhandene Restschuld gefunden werden. Erster Ansprechpartner ist der bisherige Finanzierer, wir Banker nennen dies auch „Prolongation". Die Banken setzen dabei häufig auf die Bequemlichkeit der Kunden. Daher werden für die Verlängerung gerne Konditionen angeboten, die höher als die marktüblichen sind.

Hier lohnt sich deshalb auch der Vergleich, ob Sie die Anschlussfinanzierung bei einem anderen Institut günstiger erhalten können. Damit sind schnell ein paar Tausend Euro gespart.

Berücksichtigen Sie dabei, dass in diesem Fall die Grundschuld(en) von einer Bank zur anderen übertragen werden müssen. Dies kostet Geld für den Notar und das Grundbuchamt. Wie hoch diese sind, können Sie hier berechnen lassen:

www.florian-herfurth.de/notarkosten

Die meisten Baufinanzierungen laufen über einen langen Zeitraum von mehreren Jahren. Falls Sie das Darlehen vorzeitig zurückbezahlen wollen, wird die Bank hierfür Vorfälligkeitsentschädigung verlangen. Diese entspricht i.d.R. dem entgangenen Zinsgewinn der Banken. Mit dem Vorfälligkeitsentschädigungsrechner können Sie ermitteln, wie hoch diese Summe sein wird.

www.florian-herfurth.de/vorfaelligkeitsentschaedigungsrechner/

Wichtig ist in diesem Fall auch zu wissen, dass Darlehen nach einer Laufzeit von zehn Jahren ohne Vorfälligkeitsentschädigung gekündigt werden können.

Den Zinssatz für eine Anschlussfinanzierung können Sie sich mit einem „Forward-Darlehen" mehrere Jahre im Voraus sichern. Das macht besonders Sinn, wenn Sie mit steigenden Zinsen rechnen oder sicherheitsorientiert denken. Näheres dazu im Kapitel „Finanzierungsformen".

Kapitalbeschaffung

Es kann vorkommen, dass Sie Kapital für ein anderes Vorhaben als in Verbindung mit einem Immobilienkauf benötigen. Für diesen neuen Kredit wollen Sie eine Immobilie oder ein Grundstück als Sicherheit einbringen.

Als Beispiele können andere Investments, Steuerschulden (für Erbschaften oder Schenkungen) oder Zugewinn-Ausgleichzahlungen bei Scheidungen genannt werden.

Modernisierung

Bei älteren Immobilien stehen Renovierungen, Sanierungen oder auch barrierefreie Umbauten an. Wenn keine entsprechenden Rücklagen vorhanden sind, können Gelder für solche Vorhaben ebenfalls über eine Baufinanzierung beschafft werden.

Die KfW bietet verschiedene Programme zur Durchführung dieser Maßnahmen an, die subventionierte Zinssätze oder Tilgungszuschüsse beinhalten. Mehr dazu finden Sie auf Seite 57.

Beratungsmöglichkeiten

Wenn Sie sich zu einer Baufinanzierung beraten lassen möchten, bestehen verschiedene Möglichkeiten. Dabei sind Unterschiede in der Form der Beratung und dem Produktangebot vorhanden. Hier finden Sie die gängigsten Möglichkeiten:

Hausbank

Für viele Menschen ist dies der erste und bequemste Weg. Als langjähriger Bankkunde besteht oft schon ein Vertrauensverhältnis. Allerdings weiß die Bank um diese Loyalität und stellt gerne teurere Zinskonditionen als momentan am freien Markt üblich.

Viele Kunden holen kein Alternativangebot ein und bezahlen daher bei einer Hausbank-Finanzierung unnötigerweise viele Tausend Euro an höheren Zinsen. Vorteilhaft ist, einen persönlichen Ansprechpartner vor Ort zu haben. Auch werden oft komplexere Finanzierungen über die Hausbank durchgeführt, die bei anderen Anbietern aufgrund äußerst standardisierter Prozesse nicht dargestellt werden können.

Direktbank

Diese Banken verzichten auf ein teures Filialnetz und arbeiten effizient. Dies bedeutet nicht, dass die Konditionen automatisch günstiger sind. Obendrein fehlt der persönliche Ansprechpartner.

Es ist nicht jedermanns Sache, sich in einer solch komplexen Thematik von einem anonymen Callcenter-Mitarbeiter beraten zu lassen. Zudem besteht oft für bestimmte Kundengruppen, wie z.B. Selbstständige, kein Angebot.

Bausparkasse

Diese Spezialanbieter sind – wie der Name schon verrät – ganz auf Immobilienfinanzierungen fokussiert. Beratung vor Ort ist möglich, häufig durch Kooperation mit Bankenverbünden. Allerdings fehlt auch hier die Möglichkeit, zwischen verschiedenen Angeboten zu vergleichen, weshalb die Zinsen nicht immer niedrig sind.

Versicherung

Neben den klassischen Absicherungs- und Vorsorgeprodukten sind Assekuranzunternehmen auch in der Baufinanzierung tätig. Persönliche Beratung ist möglich. Häufig werden Kombinationen verschiedener Produkte angeboten, die in der Regel teuer sind. Leider ist dies vom Verbraucher aufgrund der intransparenten Gestaltung nicht zu erkennen. Lesen Sie dazu auch das Beispiel der „Endfälligen Darlehen" auf Seite 70.

Internet

Wer auf Beratung verzichtet und alle persönlichen Angaben und Unterlagen (wie Gehaltsabrechnungen oder Arbeitsverträge) anonym online erfassen bzw. ins Internet hochladen möchte, findet womöglich günstige Zinssätze.

Unabhängiger Experte

Sie sind den Interessen des Kunden verpflichtet und bieten oft die Möglichkeiten, Angebote von vielen verschiedenen Banken, Versicherungen und Bausparkassen zu vergleichen. Die Beratung findet persönlich, via Video-Chat oder telefonisch statt. Dies ist eine der Möglichkeiten, die besten Finanzierungen für jeden individuellen Fall zu finden. Um Ihnen den Weg zu verschiedenen Ansprechpartnern zu ersparen, können Sie auf meiner Homepage einfach und schnell einsehen, welcher Zinssatz der günstigste für Sie ist:

www.florian-herfurth.de/zins-check

„Vergleich macht reich" ist ein wahres Sprichwort. Auf meiner Internetseite finden Sie ebenfalls den „Angebotsvergleichsrechner". Damit können Sie überprüfen, welches Ihrer verschiedenen Angebote tatsächlich am günstigsten ist.

www.florian-herfurth.de/angebotsvergleichsrechner

Finanzierungsarten

Die Grundfunktion einer Baufinanzierung ist für die meisten Menschen noch nachvollziehbar. Es existieren verschiedene Darlehensformen und Produktangebote, was das Ganze mitunter sehr komplex macht. Ich stelle Ihnen die gängigsten Varianten vor.

Annuitätendarlehen

Dies ist eine sehr verbreitete Form der Immobilienfinanzierung. Von Vorteil ist, dass die Kreditrate über die gesamte Zinsbindung gleich bleibt und Sie sofort mit der Tilgung beginnen. Die Rate setzt sich aus zwei Bestandteilen zusammen: Zins und Tilgung. Mit jeder Rate erhöht sich der Tilgungsanteil und es sinkt der zu bezahlende Zins.

Annuitätendarlehen haben eine fest vereinbarte Laufzeit. Prinzipiell sind sämtliche Laufzeiten zwischen einem und 30 Jahren machbar. Gängig sind Laufzeiten von fünf, zehn, 20 oder 25 Jahren. Allerdings bieten nicht alle Banken Laufzeiten von über 20 Jahren an. Bislang waren kürzere Laufzeiten meistens günstiger als längere.

In der aktuellen Niedrigzinsphase sind hingegen Laufzeiten von fünf Jahren oft teurer als zehnjährige Zinsbindungen. Aufgrund des geringen Zinsertrags möchten die Banken Kunden lange an sich binden. Noch längere Laufzeiten bieten Darlehensnehmern den Vorteil, dass sie sich das aktuell sehr niedrige Zinsumfeld über einen sehr großen Zeitraum sichern.

Ein Beispiel für die Berechnung eines Annuitätendarlehens finden Sie im Kapitel „Darlehenskalkulation" auf Seite 32.

Bauspardarlehen

Ein Bausparvertrag besteht aus zwei zeitlich getrennten Komponenten: der Anspar- und der (optionalen) Darlehensphase. Dazu wird eine fixe Bausparsumme festgelegt. Für den Abschluss eines Bausparvertrags fällt eine Gebühr an, die ca. 1,00 % bis 1,60 % der Bausparsumme beträgt.

In den ersten Jahren wird Guthaben durch regelmäßige Einzahlungen aufgebaut, das – gering bis gar nicht – verzinst wird. Meistens werden dabei zwischen 40 % und 50 % der Bausparsumme angespart. Danach besteht die Option, das Bauspardarlehen in Anspruch zu nehmen.

Falls dies vom Inhaber des Bausparvertrags gewünscht ist, wird die komplette vereinbarte Bausparsumme ausbezahlt und kann somit zum Immobilienerwerb (oder auch zur Ablösung eines anderen Darlehens) eingesetzt werden. Voraussetzung ist, dass es sich dabei um „wohnwirtschaftliche Zwecke" handelt.

Vorteilhaft ist, dass Sie sich heute schon den Darlehenszinssatz sichern, den Sie erst in mehreren Jahren bezahlen.

Auch müssen Sie das Darlehen nicht in Anspruch nehmen, sondern können sich den angesparten Betrag (nach einiger Wartezeit) wieder ausbezahlen lassen. Zusätzlich können Sondertilgungen jederzeit durchgeführt werden. Manchmal lässt sich sogar das komplette Darlehen tilgen, ohne dass eine Vorfälligkeitsentschädigung anfällt. Bausparverträge gelten daher als flexibel.

Als Nachteil sehe ich, dass das Zinsniveau ohnehin sehr niedrig ist. Das wird sich voraussichtlich nicht schnell ändern. Die Tilgungsraten sind – im Vergleich zu klassischen Bankdarlehen – höher und erfordern daher eine entsprechend hohe Liquidität (= Einkommen) vom Darlehensnehmer. Je nach Tarifmodell erfolgt die Rückzahlung in einem Zeitraum zwischen acht und 18 Jahren.

Hausbesitzer müssen, wie schon behandelt, Rücklagen für Renovierungen aufbauen (gerade bei älteren Objekten). Dies kann auch durch einen Bausparvertrag umgesetzt werden. Bei größeren Maßnahmen kann dann später der Darlehensteil mit in Anspruch genommen werden.

Endfällige Darlehen

Es wird ebenfalls eine feste Darlehenslaufzeit vereinbart. Anders als beim Annuitätendarlehen zahlen Sie jedoch nur die Zinsen und tilgen zuerst gar nicht. Zum Laufzeitende wird das Darlehen durch einen Tilgungsträger abgelöst. Häufig sind dies Lebensversicherungen oder Bausparverträgen, die parallel zum Darlehen bespart werden. Für Eigennutzer von Immobilien ist diese Form nachteilig gegenüber dem Annuitätendarlehen, da die Zinsen steuerlich nicht abgesetzt werden können. Bei Kapitalanlegern können diese geltend gemacht werden.

Vertriebsmitarbeiter gewinnen dieser Variante viel ab: Sie verdienen zum einen an dem Darlehen, zum anderen an Abschluss- und

Bestandsprovision des Bausparers oder der Lebensversicherung. Beide Produkte bieten jedoch (fast) keine Rendite mehr. Es ist also besser, den monatlich zur Verfügung stehenden Betrag für Zins und Tilgung zu verwenden, da die Höhe der Zinsen von Rate zu Rate geringer wird.

Ein Beispiel, anhand dessen die Darlehensphasen beschrieben sind:

1) Für einen Immobilienkauf wird ein Darlehen von EUR 75.000 benötigt. Dieses wird als endfälliges Darlehen umgesetzt.

2) Die Bank bezahlt den Betrag von EUR 75.000 sofort aus, es wird ein Zinssatz von 1,3 % berechnet. Hierfür werden monatlich EUR 81,25 an Zinsen bezahlt (= pro Jahr EUR 975,00). Es erfolgt keine Tilgung.

3) Zusätzlich wird ein Bausparvertrag abgeschlossen, der mit monatlich EUR 225,00 bespart wird. Nach einer Laufzeit von elf Jahren und acht Monaten ist ein Guthaben von knapp EUR 30.600,00 vorhanden (in diesem Betrag sind neben den Sparraten auch die Abschlussgebühr, Guthabenzins sowie Kontoführungsgebühr beinhaltet).

4) Der Bausparvertrag wird nun „fällig", d.h., es kann das Darlehen in Höhe von ca. EUR 44.400 in Anspruch genommen werden.[1] Mit dem Gesamtbetrag von EUR 75.000 wird das endfällige Darlehen abgelöst.

---

1 Die Bausparsumme von EUR 75.000, analog dem endfälligen Darlehen von ebenfalls EUR 75.000, besteht aus ca. EUR 30.600 angespartem Guthaben und EUR 44.400 Darlehenssumme.

5) Für das Bauspardarlehen beträgt der Zinssatz 2,35 % und die Darlehenslaufzeit weitere elf Jahre und vier Monate, was in etwa der Dauer der Ansparphase entspricht. Die Darlehensrate beträgt nun EUR 375,00.

Diese Variante wird auch oft als „Konstantdarlehen" bezeichnet.

Volltilgerdarlehen

Diese Darlehensform funktioniert wie ein Annuitätendarlehen. Unterschiedlich ist, dass die Rate so berechnet wird, dass der Kredit bis zum Laufzeitende komplett zurückbezahlt wird. Menschen mit hohem Sicherheitsbedürfnis werden diese Variante zu schätzen wissen, da ihnen keine negativen Überraschungen in Form von höheren Zinsen bei der Anschlussfinanzierung drohen.

KfW-Darlehen

Die staatliche Förderbank KfW bietet verschiedene Programme an, z.B. Wohnbau, energieeffizient bauen oder sanieren sowie altersgerechte Umbauten. Diese Darlehen bieten günstige Zinsen und andere Subventionen. Vergleichen Sie aber auch hier die Konditionen – gerade Menschen mit hohem Eigenkapital erhalten oft bei Finanzierungen über klassische Banken bessere Konditionen als bei der KfW. Bei einigen KfW-Programmen ist keine Sondertilgung (bzw. nur gegen Vorfälligkeitsentschädigung) möglich.

Eine Besonderheit ist, dass Sie selbst direkt bei der KfW keinen Darlehensantrag einreichen können. Dies muss über eine Bank geschehen, die Ihr Vorhaben prüft und – bei einem positiven Votum – an die KfW zur Bearbeitung weiterleitet. Da die KfW-Darlehen betragsmäßig begrenzt sind, werden sie i.d.R. als zusätzlicher Finanzierungsbaustein mit eingebunden.

Wichtig zu wissen: Bei der Vermittlung von KfW-Darlehen verdienen Banken weniger als bei Baufinanzierungen aus dem eigenen Haus (oder verbundenen Kreditinstituten). Aus diesem Grund werden KfW-Darlehen manchmal nicht aktiv angeboten. Fragen Sie nach bzw. informieren Sie sich selbst über die aktuellen Konditionen.

Die KfW-Angebote finden Sie unter *www.kfw.de*.

Nachrangdarlehen

Wer wenig (oder sogar gar kein) Eigenkapital hat, wird bei vielen Banken keine Baufinanzierung erhalten, da diese nur Darlehen bis zu einem bestimmten Gegenwert der Immobilie ausreichen. Spezialanbieter können diese Lücke in Form von Nachrangdarlehen schließen. Dieser Darlehensteil steht von der Sicherheit hinter der hauptfinanzierenden Bank hinten an.

Sollten Sie das Darlehen nicht mehr zurückbezahlen können, wird die Immobilie verkauft werden. Mit dem Erlös werden zuerst die offenen Forderungen des Hauptfinanzierers befriedigt. Das Nachrangdarlehen muss sich mit der restlichen Summe begnügen und kann womöglich nicht komplett getilgt werden.

Der Nachrangfinanzierer hat daher ein höheres Risiko, das sich dieser in Form von höheren Zinsen vergüten lässt. Die Zinsen können durchaus 7,00 % oder mehr betragen, was in der aktuellen Zeit natürlich als sehr hoch gilt. Wichtig ist aber, dass Sie den durchschnittlichen Zinssatz über alle Darlehensbestandteile im Auge haben. Womöglich wird sogar der Zinssatz des Hauptdarlehens günstiger, da diese Bank dann größere Sicherheiten hat.

Nachrangdarlehen haben auch den Vorteil, dass sie i.d.R. jederzeit sondergetilgt werden können, ohne dass hierfür Vorfälligkeitsentschädigung anfällt. Sie könnten z.B. Fördergelder, wie das Baukindergeld oder die Eigenheimzulage, direkt nach Auszahlung als Sondertilgung (oder Komplettilgung) des Nachrangdarlehens nutzen.

Nachrangdarlehen werden häufig eingesetzt, wenn die Kosten bei einem Neubau höher als geplant werden. Auch für Kaufnebenkosten wird diese Darlehensform gerne eingesetzt. Durch die Sondertilgungsmöglichkeiten können diese aber auch schnell wieder zurückgezahlt werden.

Forward-Darlehen

Mit dieser Variante können Sie heute bereits den Zinssatz fixieren, auch wenn Sie das Darlehen erst zu einem späteren Zeitpunkt benötigen. In der Praxis kommen Forward-Darlehen bei Anschlussfinanzierungen vor. Üblich ist ein Vorlauf von zwölf bis 36 Monaten, in Ausnahmefällen sogar bis zu 60 Monaten.

Da die Banken pro Monat Vorlauf einen Zinsaufschlag verrechnen, sind Forward-Finanzierungen mit vier oder gar fünf Jahren Vorlauf nicht empfehlenswert. Ich empfehle, ca. drei Jahre vor Ablauf der alten Zinsbindung erste Angebote einzuholen. Sowohl von der bisherigen Bank als auch von neuen Alternativanbietern.

Beachten Sie, nicht nur die Zinssätze vergleichen! Bei einem Bankwechsel müssen die Grundschulden übertragen werden. Dafür fallen wiederum Grundbuch- und Notarkosten an. Wie hoch diese sind, können Sie auf meiner Internetseite berechnen:

www.florian-herfurth.de/notarkosten

Familien- oder Arbeitgeberdarlehen

Fragen Sie auch bei Ihrem Arbeitgeber nach, ob dieser Darlehen für Mitarbeiter anbietet. Gerade bei großen Unternehmen kommt es vor, dass günstige Darlehen für die Belegschaft zur Verfügung stehen. Durch die Integration eines Mitarbeiterdarlehens haben Sie den Vorteil, dass der Finanzierungsanteil der Bank geringer und der Zins dadurch günstiger werden kann.

Eine weitere Option sind Darlehen aus dem Familienkreis. Dieses Geld kann quasi als Eigenkapital integriert werden und verbessert damit wieder Ihre Darlehenskondition.

Wertpapierkredite

Ebenfalls gibt es noch die Möglichkeit eines Wertpapierkredits. Dabei werden Wertpapiere als Sicherheit für ein Darlehen hinterlegt. Typischerweise werden von diesem Darlehen ebenfalls Wertpapiere gekauft. Manche Banken bieten jedoch an, das Darlehen auch für andere Zwecke – z.B. eine Immobilienfinanzierung – einzusetzen.

Diese Darlehensform ist mit hohen Risiken verbunden. Wertpapiere können, mitunter sehr stark, im Wert fallen und damit nicht mehr genug Sicherheit für die Bank darstellen. Die Bank wird Sie dann dazu auffordern, weiteres Geld als Sicherheit zu hinterlegen oder Wertpapiere – dann eben zu niedrigen Kursen – zu verkaufen. Beides kann für Sie negativ sein. Wertpapierkredite sollten deshalb nur in Ausnahmenfällen in eine Immobilienfinanzierung eingebunden werden, z.B. bei einer Zwischenfinanzierung.

Fördermöglichkeiten

Der Staat unterstützt seine Bürger dabei, den Traum vom Eigenheim zu realisieren. Es gibt eine Vielzahl von Möglichkeiten, Zuschüsse oder günstige Zinssätze zu erhalten. Diese werden von der KfW, aber auch von Spezialanbietern aus einzelnen Bundesländern angeboten.

Zudem besteht die Möglichkeit, über Riester-Bausparen oder die Arbeitnehmersparzulage für vermögenswirksame Leistungen steuerliche Vergünstigungen und Zulagen von Vater Staat zu erhalten.

Staatliche Förderbank KfW

Wie schon bei den Darlehensformen beschrieben, bietet die KfW eine Vielzahl von Programmen zur Finanzierung. Diese bestehen jedoch nicht nur aus Darlehen, sondern auch aus Zuschüssen:

- Baukindergeld: Zehn Jahre lang erhalten Sie je EUR 1.200 pro Kind pro Jahr, also insgesamt EUR 12.000. Das Baukindergeld wird bezahlt, wenn Sie eine Immobilie bauen oder kaufen, wobei es Einkommensobergrenzen gibt (max. EUR 90.000; zzgl. EUR 15.000 pro Kind).

Dieses Programm kann nicht direkt in eine Finanzierung eingebaut werden, sondern muss von Ihnen – im Unterschied zu den KfW-Darlehen – direkt bei der KfW beantragt werden. Das

Baukindergeld können Sie z.B. zum Aufbau von Rücklagen oder als Sondertilgung verwenden. Nach aktuellem Stand muss der Kaufvertrag bis zum 31.03.2021 unterschrieben bzw. die Baugenehmigung bis zu diesem Zeitpunkt erteilt werden. Es ist momentan unklar, ob ein vergleichbares Angebot fortgeführt wird.

- KfW-Wohneigentumsprogramm: Sie erhalten ein Darlehen von bis zu EUR 100.000 zu einem attraktiven Zinssatz. Es sind Laufzeiten zwischen vier und 25 Jahren möglich, als Zinsbindungsoptionen stehen fünf und zehn Jahre zur Verfügung. Eine Besonderheit ist die ein bis drei Jahre dauernde „tilgungsfreie Anlaufzeit". In dieser Phase bezahlen Sie nur die Zinsen, wodurch sich die Ratenzahlung reduziert. Dies wird Darlehensnehmern entgegenkommen, deren Budget knapp ist.

- Energieeffizient Bauen: Dies ist ein Förderkredit von bis zu EUR 120.000 pro Wohneinheit. Voraussetzung ist, dass die Immobilie dem KfW-Effizienzhaus-Standard entspricht, also wenig Energie verbraucht. Sie erhalten zusätzlich einen Tilgungszuschuss von bis zu EUR 30.000, den Sie nicht mehr zurückzahlen müssen.

- Energieeffizient Sanieren: Die KfW gewährt ein Darlehen bis zu EUR 120.000 für die Sanierung zum KfW-Effizienzhaus bzw. bis zu EUR 50.000 für Einzelmaßnahmen. Auch hier besteht die Möglichkeit eines Tilgungszuschusses in Höhe von bis zu EUR 48.000.

- Energieeffizient Bauen und Sanieren – Zuschuss: In Kombination mit anderen KfW-Darlehen können Sie Zuschüsse von bis zu EUR 4.000 für die Begleitung durch einen Experten für Energieeffizienz erhalten (max. 50 % der Kosten). Sollten Brennstoffzellen integriert werden, kann ein Zuschuss von bis zu EUR 28.200 je Brennstoffzelle beantragt werden.

- Altersgerecht Umbauen: Dieses Programm ist ein Förderkredit bis zu EUR 50.000 zur Reduzierung von Barrieren, aber auch für den Einbruchschutz. Zusätzlich gibt es mit der Maßnahme „Barrierereduzierung – Investitionszuschuss" einen Zuschuss von bis zu EUR 6.250 für Maßnahmen zur Barrierereduzierung.

Die hier aufgeführten Programme stellen nur einen Auszug aus allen KfW-Möglichkeiten dar. Alle weiteren Details finden Sie im Internet unter www.kfw.de.

Steuerliche Vorteile und staatliche Förderung

Der Staat unterstützt die Bürger auch direkt dabei, den Traum vom Eigenheim zu realisieren.

Wohn-Riester

Es gibt auch Bausparverträge mit Riesterförderung, die gerade für Menschen mit geringerem Einkommen und/oder Kindern aufgrund der staatlichen Förderung interessant sein können. Die staatlichen Förderungen können Menschen in Anspruch nehmen, die nicht zu einer der folgenden Personengruppen gehören:

- Rentner (gilt auch bei Rente wegen Erwerbsminderung)

- Nicht rentenversicherungspflichtige Selbstständige und Studenten
- Freiwillig Rentenversicherte

Alle anderen können diese Zulagen erhalten:

- Jährliche Grundzulage von EUR 175 für Alleinstehende und EUR 350 für Verheiratete[2]
- Pro Kind wird ein Zuschuss von EUR 300 gewährt (dies gilt für Kinder, die ab 2008 geboren wurden, bei älteren Kindern beträgt der Zuschuss EUR 175)
- Sparbeiträge bis zu EUR 2.100 pro Jahr können steuerlich abgesetzt werden

Um die volle Förderung zu erhalten, müssen 4 % des Bruttoeinkommens des Vorjahres (abzüglich der Zulagen) in den Bausparvertrag einbezahlt werden, maximal aber EUR 2.100 (unabhängig von der Höhe des Einkommens).

Beispielrechnungen:

1) Alleinstehende, keine Kinder

Bruttoeinkommen Vorjahr	EUR 25.000
davon 4 %	EUR 1.000
./. Grundzulage	EUR 175
= jährliche Sparrate	EUR 825

---

2   In diesem Fall müssen zwei getrennte Riester-Verträge bestehen.

Um die volle Förderung zu erhalten, müssen in diesem Beispiel monatlich EUR 68,75 im Wohn-Riester-Vertrag angespart werden.

2) Verheiratete, zwei Kinder (beide nach 2008 geboren)

Bruttoeinkommen Vorjahr	EUR 40.000
davon 4 %	EUR 1.600
./. Grundzulage	EUR 350
./. Kinderzulage	EUR 600
= jährliche Sparrate	EUR 650

Mit einer monatlichen Sparrate von EUR 54,17 können Sie sich in diesem Modell die volle Förderung sichern. Die Kinderzulage erhält immer der Elternteil, der auch das Kindergeld bekommt, i.d.R. also die Mutter.

Wichtig zu wissen ist, dass mit einem Wohn-Riester-Vertrag nur Finanzierungen von selbst genutzten Immobilien möglich sind, der Kauf von Wohnungen oder Häusern zur Kapitalanlage ist damit ausgeschlossen.

Der Wohn-Riester ist aufgrund der staatlichen Förderungen eine interessante Option für Menschen, die in einigen Jahre eine Immobilie erwerben wollen. Oder auch für Immobilienbesitzer, die damit in einigen Jahren ein anderes Darlehen für eine selbst bewohnte Immobilie ablösen möchten.

Details zum Wohn-Riester finden Sie auf der Internetseite der Deutschen Rentenversicherung:
riester.deutsche-rentenversicherung.de

Arbeitnehmersparzulage

Arbeitgeber können freiwillig an ihre Angestellten bis zu EUR 40 monatlich als Arbeitnehmersparzulage ausbezahlen. Dieses Geld muss entweder in einen Aktiensparplan oder Bausparvertrag[3] einbezahlt werden.

Zusätzlich bezahlt der Staat bei Bausparverträgen eine Zulage von maximal EUR 43 pro Jahr.

Voraussetzung dafür ist, dass das zu versteuernde Jahreseinkommen nicht höher als EUR 17.900 (Alleinstehende) bzw. EUR 35.800 (Verheiratete) liegt. Hinzu kommt, dass der Vertrag eine Mindestlaufzeit von sieben Jahren haben muss.

Wohnungsbauprämie

Mit dieser Fördermöglichkeit können Bausparer ebenfalls Geld vom Staat erhalten. Erfreulich ist, dass seit 01.01.2021 die Freibeträge sowie die Prämienhöhe spürbar angehoben wurden.

Wer weniger als EUR 35.000 (Alleinstehende) bzw. EUR 70.000 (Verheiratete) verdient, kann die Wohnungsbauprämie jährlich beantragen.

Von den jährlichen Einzahlungen in den Bausparvertrag werden ab dem Jahr 2021 10,0 % vom Staat als Zulage gewährt. Die Wohnungsbauprämie ist jedoch gedeckelt:

---

3   Gilt auch für die Tilgung von bestehenden Bauspardarlehen

	Singles	Verheiratete
Max. geförderte Sparleistung p.a.	EUR 700	EUR 1.400
Prämienhöhe	10,0 %	
Höchste Prämie	EUR 70	EUR 140

Die Wohnungsbauprämie wird auf den Bausparvertrag eingezahlt. Wichtig ist auch hier eine mindestens siebenjährige Laufzeit. Wer den Bausparvertrag vorzeitig auflöst, muss die Prämien zurückbezahlen.

Zugegeben, die Prämien sind nicht gerade üppig. Wer allerdings einen Bausparvertrag abschließt, um in einigen Jahren eine Immobilie zu erwerben, sollte diese Option auf jeden Fall nutzen.

Bundesländer, Landkreise und Gemeinden

Jedes Bundesland fördert neben den staatlichen Programmen zusätzlich den privaten Erwerb von Wohnraum. Einzelne Gemeinden oder Landkreise stellen weitere Unterstützung zur Verfügung. Auch bestehen bei regionalen Förderbanken Kreditprogramme und andere Optionen.

Erkundigen Sie sich am besten im Internet oder im Wohnungsamt vor Ort, welche Maßnahmen in Ihrer Region geboten werden.

Sondertilgungen

Sondertilgungen sind eine sehr gute Möglichkeit, Geld zu sparen. Sie haben damit die Option, zusätzlich Teile der Finanzierung zurückzubezahlen, ohne dass hierfür Vorfälligkeitsentschädigung anfällt. Üblich sind 5 % oder 10 % der ursprünglichen Darlehenssumme pro Jahr.

Die Bank lässt sich diese Möglichkeit jedoch durch einen kleinen Zinsaufschlag bezahlen. Sie sollten daher abwägen, wie hoch die Wahrscheinlichkeit ist, dass Sondertilgungen getätigt werden. Menschen, welche die Immobilie selbst beziehen, verwenden meistens das komplette frei verfügbare Eigenkapital zum Kauf. Es ist daher in diesen Fällen eher unwahrscheinlich, dass in den ersten Jahren der Baufinanzierung Sondertilgungen durchgeführt werden.

Auch die Darlehensrate wird so berechnet, dass der Kredit schnellstmöglich zurückbezahlt wird. Es ist daher oft nicht möglich, durch Sparen aus dem regulären Einkommen solch hohe Rücklagen zu bilden, womit sich Sondertilgungen lohnen.

Anders stellt sich der Fall dar, wenn Sie z.B. Bonuszahlungen, Tantiemen, Gewinnbeteiligungen erhalten oder Finanzprodukte wie Lebensversicherungen besitzen, woraus eine größere Summe ausgezahlt wird. In diesen Fällen ist eine Sondertilgungsmöglichkeit empfehlenswert.

Ich möchte Ihnen anhand eines Beispiels zeigen, wie hoch Ihr finanzieller Vorteil bei Sondertilgungen ist. Nehmen wir an, Sie nehmen ein Darlehen mit EUR 250.000 auf, der Zinssatz beträgt 1,0 % pro Jahr. Um die Rechnung einfach zu halten, unterstellen wir, dass Sie Ihre reguläre Tilgung nur einmal pro Jahr bezahlen.

Der Zins im ersten Jahr beträgt daher EUR 2.500. Sie tilgen 3,0 % der ursprünglichen Kreditsumme im ersten Jahr, sprich EUR 7.500. Ohne Sondertilgungen hätten Sie das Darlehen nach 28 Jahren zurückbezahlt, was Sie rund EUR 39.000 an Zinsen gekostet hätte.

Würden Sie hingegen beim gleichen Darlehen jährlich EUR 1.000 sondertilgen, wären Sie bereits nach 25 Jahren schuldenfrei. Die insgesamt bezahlten Zinsen hätten sich auf ca. EUR 35.000 reduziert, sprich, Sie hätten EUR 4.000 gespart.

Bei einer jährlichen Sondertilgung von EUR 3.000 zeigt sich ein weiterer Fortschritt: Sie sind bereits nach 21 Jahren mit der Darlehensrückzahlung fertig, die Gesamtzinsen betragen ungefähr EUR 29.000 (= EUR 10.000 Ersparnis).

Sondertilgung p.a.	Gesamtzins	Laufzeit bis Rückzahlung	Ersparnis
EUR 0	EUR 39.000	28 Jahre	EUR 0
EUR 1.000	EUR 35.000	25 Jahre	EUR 4.000
EUR 3.000	EUR 29.000	21 Jahre	EUR 10.000

Sie sehen, welch großes Einsparungspotential in den Sondertilgungen liegt. Nutzen Sie diese Möglichkeit daher, wenn die finanziellen Möglichkeiten dazu bestehen. Sie sind deutlich früher schuldenfrei.

Beachten Sie allerdings, dass Sie durch Sondertilgungen an Liquidität verlieren. Ihre Rücklagen sollten – auch nach den Sondertilgungen – immer so hoch sein, dass Sie drei bis sechs Monate Ihren Lebensunterhalt finanzieren können, ohne ein festes Einkommen zu haben.

Absicherung

Die meisten Menschen werden nur einmal im Leben eine Immobilie kaufen. Diese ist daher i.d.R. der wertvollste Vermögenswert. Dementsprechend achtsam müssen Sie damit umgehen und sich gegen mögliche finanzielle Risiken absichern. Folgende Dinge können passieren:

Unfall, Krankheit und Tod

Ein Darlehensnehmer ist vorübergehend oder dauerhaft nicht mehr in der Lage, wie bisher zu arbeiten. Das Einkommen sinkt daher, die Darlehensraten können womöglich nicht mehr wie bisher bedient werden. Hiergegen helfen:

- Unfallversicherung: Im Falle eines Unfalls erhalten Sie – je nach Schweregrad – eine Auszahlung aus der Versicherung.
- Berufsunfähigkeitsversicherung: Falls Sie nicht mehr arbeitsfähig sind, hilft die Versicherung mit monatlichen Zahlungen weiter.
- Dread-Disease-Versicherung: Im Falle von schweren Krankheiten erhalten Sie Geld.
- Risikolebensversicherung: Im Todesfall wird eine festgelegte Summe an einen Begünstigten ausbezahlt.

Ich weiß, Versicherungen sind teuer und niemand bezahlt gerne die Prämien. Denken Sie daran, dass Ihre Familie im Ernstfall zumindest im Eigenheim wohnen bleiben kann und finanziell abgesichert ist!

Vergessen Sie aber auch nicht, Versicherungen rechtzeitig wieder zu kündigen oder die Versicherungssumme zu reduzieren. Gute Zeitpunkte dafür sind z.b., wenn das Darlehen zu einem nennenswerten Teil abbezahlt ist, Sie Rücklagen in einer bestimmten Höhe gebildet haben oder Ihre Kinder finanziell auf eigenen Beinen stehen.

Unabhängig davon empfehle ich Ihnen, sich von einem unabhängigen Versicherungsmakler betreuen zu lassen, der nicht nur die Produkte einer Gesellschaft verkauft. Lassen Sie von diesem regelmäßig Ihren Versicherungsbestand überprüfen. Oft gibt es günstigere Produkte oder Sie können eben die Versicherungssummen (ganz) reduzieren.

Vermeiden Sie grundsätzlich – bei allen Finanzangelegenheiten – „Kombi-Produkte". Also mehre Finanzprodukte in einem verpackt. Dies hat für den Verbraucher den Nachteil, dass er die Höhe der Provisionen erst recht nicht mehr nachvollziehen kann. So gut wie immer ist es günstiger, genau jene Produkte einzeln zu kaufen (und damit auch die Preise zu vergleichen), die Sie tatsächlich benötigen.

Arbeitslosigkeit und Kurzarbeit

In Deutschland herrscht trotz der wirtschaftlichen Corona-Auswirkungen (noch) eine niedrige Arbeitslosigkeit. Trotzdem ist niemand gänzlich vor dem Verlust des Arbeitsplatzes geschützt. Im ersten Jahr der Arbeitslosigkeit greifen die sozialen Sicherungsmechanismen durch das Arbeitslosengeld 1 noch einigermaßen. Ähnliches gilt im Fall von Kurzarbeit.

Sollten Sie jedoch länger keinen neuen Arbeitsplatz finden, wird der Einkommensverlust durch den Bezug von Hartz IV noch drastischer. In dieser Situation ist kaum mehr jemand in der Lage, die bisherige Kreditrate zu bedienen.

Zur Absicherung gibt es spezielle Versicherungen, die im Ernstfall Ihre Darlehensrate – ganz oder in Teilen – übernehmen. Die Kosten hierfür sind jedoch hoch! Ich empfehle daher sorgfältig zu prüfen, ob dies überhaupt notwendig ist.

Für folgende Personengruppen kann eine Versicherung jedoch empfehlenswert sein:

- Sie haben keine Rücklagen, woraus Sie bei Arbeitslosigkeit die Darlehensraten begleichen können.
- Aufgrund von (ungeplanter) Schwangerschaft bzw. Kinderbetreuung fällt das Einkommen eines Partners b.a.w. weg (bzw. geringer aus).

Familiäre Veränderungen

Eine Baufinanzierung läuft oft 20 bis 30 Jahre, bis Sie komplett schuldenfrei sind. In dieser Zeit verändern sich auch familiäre Verhältnisse, die Sie vor dem Immobilienkauf bedenken sollten.

Familienzuwachs

Wie schön, ein Baby ist unterwegs. Das freudige Ereignis erfordert jedoch, dass sich ein Elternteil – zumindest in der Anfangsphase –

primär um den Nachwuchs kümmert. Sein Einkommen wird sich in dieser Zeit reduzieren oder auch ganz wegfallen. Unterstützungen von Vater Staat, wie Kinder- oder Elterngeld, fangen dies oft nicht komplett auf. Am besten berücksichtigen Sie dies vorab bei Ihrer Finanzplanung vor dem Immobilienkauf.

Wer sich über die zukünftige Familienplanung noch nicht sicher ist, kann in seiner Baufinanzierung einen „Tilgungssatzwechsel" vereinbaren. Damit haben Sie einen Joker in der Hand, später einmal den Tilgungssatz nach unten zu setzen, um damit die Rate zu reduzieren.

Eine weitere Option ist, nicht alles Eigenkapital in die Finanzierung einzubringen, sondern einen Reservepuffer für genau solche Fälle vorzuhalten. Mit dieser Rücklage kann das reduzierte Einkommen kompensiert werden.

Scheidung

Wenn sich Ehepaare in einem Rosenkrieg fetzen, geht es oft heftig zur Sache. Das kreditfinanzierte Eigenheim steht dabei nicht selten im Brennpunkt: Wer darf darin wohnen bleiben, wer bezahlt die Raten weiter, welchen Ausgleich erhält der Partner, der ausziehen muss (dies betrifft 90 % aller Ehepaare in der „Zugewinngemeinschaft[4]")?

---

4 Die Zugewinngemeinschaft wird auch als „gesetzlicher Güterstand" bezeichnet. Wertzuwächse in der Ehe müssen bei einer Scheidung ausgeglichen werden. Bei den stark gestiegenen Immobilienpreisen sind dies oft hohe Summen.

So wenig romantisch es ist: Gehen Sie vor der Eheschließung zum Notar oder Rechtsanwalt, lassen Sie sich beraten und schließen Sie eine Vereinbarung, in der klar geregelt ist, wie bei einer Trennung verfahren wird.

Eine weitere Option, die ich – sofern finanziell machbar – klar bevorzuge. Nur ein Partner erwirbt die Immobilie und ist alleiniger Darlehensnehmer. Damit sind die Fronten gleich geklärt.

Tod

Sie mögen sich nun denken, die finanzielle Absicherung im Todesfall haben wir bereits geklärt. Das ist richtig, nämlich mit einer Risikolebensversicherung. Es gibt jedoch noch einen weiteren wesentlichen Aspekt, den Sie unbedingt beachten müssen: das Erbrecht.

Sofern Sie kein Testament haben, greift die gesetzliche Erbfolge. Details dazu finden Sie auf meiner Homepage:

www.florian-herfurth.de/erbrecht

Stellen Sie sich nun folgende Todesfallszenarien im Rahmen der gesetzlichen Erbfolge vor:

1) Sie sind verheiratet und haben ein erwachsenes Kind, mit dem Sie sich nicht mehr so gut verstehen oder das sich in einer schwierigen Lebensphase befindet. Der überlebende Partner soll natürlich in der Immobilie wohnen bleiben. Das Kind wird im Todesfall Miteigentümer und kann Ihrem Partner das Leben schwer machen.

2) Noch verzwickter wird es, wenn Sie nicht verheiratet sind. Ihre Kinder (oder bei Kinderlosen die lieben Verwandten) erben alleine, Ihr Partner hat keinen Erbanteil. Im schlechtesten Fall waren Sie Alleineigentümer der Immobilie. Die Erben können Ihren Partner nun innerhalb von vier Wochen vor die Tür setzen.

3) Sie lassen sich scheiden und haben gemeinsame Kinder. In langem Hin und Her finden Sie Ihren Ex-Partner finanziell ab, die Immobilie gehört Ihnen nun alleine. Sollten Sie und Ihr Kind – z.B. bei einem Unfall – gleichzeitig versterben, wird Ihr Ex-Partner wieder (Mit-)Eigentümer Ihrer Immobilie.

Diese Liste lässt sich noch weiter fortsetzen, was ich aus Platzgründen nicht mache. Besonders gefährdet sind Patchwork-Familien. Ich empfehle Ihnen, vor dem Immobilienerwerb auch diese Szenarien zu bedenken. Lassen Sie sich von einem Spezialisten für Erbrecht beraten und verfassen Sie ggf. ein Testament.

Zinserhöhungen

Momentan befinden wir uns in einem historisch niedrigen Zinsumfeld. Es sieht aufgrund der EU-Schuldenkrise nicht danach aus, dass sich dies in den nächsten Jahren ändert. Aufgrund der oft langen Zinsbindung von Finanzierungen ist jedoch nicht absehbar, wie hoch der Zins nach deren Ende aussehen wird.

Gerade Zinsbindungen von zehn Jahren sind gefährlich. Diese Variante wird gerne gewählt, um etwas günstigere Zinsen ggü. längeren Darlehenslaufzeiten zu erhalten. Wenn Sie gleichzeitig –

z.B. aufgrund eines zu geringen Einkommens – nur wenig tilgen (= unter 2,0 % pro Jahr), wird die Restschuld zum Ende der Zinsbindung entsprechend hoch sein.

Sollten sich die Zinsen zu diesem Zeitpunkt auf einem spürbar höheren Niveau befinden, kann dies gravierende Auswirkungen auf Ihre zukünftige Darlehensrate haben. Sehen wir uns dazu ein Beispiel an:

Sie nehmen ein Darlehen über EUR 250.000 zu einem Zinssatz von 1,0 % auf und tilgen anfänglich ebenfalls 1,0 % pro Jahr. Die monatliche Rate beträgt in diesem Fall EUR 416,67, das Darlehen ist über zehn Jahre festgeschrieben. Am Ende der Zinsbindung besteht eine Restschuld von knapp EUR 224.000.

Der nachfolgenden Tabelle können Sie entnehmen, wie hoch die künftige Darlehensrate bei gestiegenen Zinsen sein könnte (gleichbleibende Tilgung von 1,0 % unterstellt).

Neuer Zinssatz	Ratenhöhe	Mehrbelastung pro Monat
2,0 %	EUR 559,30	EUR 142,63
3,0 %	EUR 745,73	EUR 329,06
4,0 %	EUR 932,16	EUR 515,49
5,0 %	EUR 1.118,59	EUR 701,92
7,5 %	EUR 1.584,67	EUR 1.168,00
10,0 %	EUR 2.050,75	EUR 1.634,08

Sie sehen, Zinssteigerungen können gravierende Auswirkungen auf Ihre zukünftige Ratenhöhe haben. Auch wenn – Stand heute – das Zinssteigerungsrisiko nicht sehr hoch ist, ausschließen können Sie dies nicht.

Zinssätze von 5,0 % und mehr mögen aktuell sehr übertrieben wirken. Zu Beginn meiner Banker-karriere (Anfang der 1990er Jahre) waren Zinsen in Richtung 10,0 % jedoch nicht ungewöhnlich. Es ist nicht kategorisch auszuschließen, dass dies wieder geschieht.

Nutzen Sie daher das Niedrigzinsumfeld und tilgen Sie gleich zu Beginn so viel wie möglich. Oder Sie reduzieren Ihre Restschuld durch Sondertilgungen. Ja, dazu ist eine Reduzierung von Konsum notwendig. Allerdings sind Sie deutlich früher mit der Darlehensrückzahlung fertig. Sie reduzieren hierdurch auch die Auswirkungen von steigenden Zinsen.

Vor steigenden Zinsen können Sie sich ebenfalls schützen, indem Sie Ihren Darlehenszins über 15 oder 20 Jahre festschreiben oder gleich einen Volltilgervertrag abschließen. Der Zinssatz ist etwas höher – aber Sie reduzieren die negativen Auswirkungen von Zinssteigerungen sehr stark bzw. sogar komplett.

Woran Finanzierungen scheitern

In der Praxis kommt es immer wieder vor, dass Kunden von der Bank eine Ablehnung auf ihre Baufinanzierungsanfrage erhalten. In manchen Fällen hätte sich das mit einer guten Vorbereitung vor dem Darlehensantrag verhindern lassen können. Ich stelle Ihnen nun häufige Gründe für eine Finanzierungsabsage vor und was Sie dagegen unternehmen können.

Zu hohe Schulden

Wenn Sie neben der geplanten Baufinanzierung noch andere Kredite abbezahlen müssen, kann dies das K.o.-Kriterium für die Finanzierungsbestätigung sein. In diese Kategorie fallen auch Leasingverträge und Bürgschaften. Gerade Konsumschulden verschlechtern Ihre Bonität.

Sie sind daher gut beraten, bestehende Verpflichtungen vor einem Baufinanzierungsantrag zurückzubezahlen. Die hieraus gewonnene monatliche Liquidität können Sie dann für eine höhere Baufinanzierungsrate verwenden.

Gleichzeitig signalisieren Konsumschulden Ihrem Banker, dass Sie bislang nicht in der Lage waren, zuerst zu sparen und später davon die gewünschten Konsumgüter anzuschaffen. Die Baufinanzierungsraten werden sehr wahrscheinlich höher als die bisherige Miete sein. Der Banker wird sich fragen, wie Sie diese regelmäßig bedienen wollen, wenn Sie es bisher nicht geschafft haben, die alten Schulden zu begleichen.

Zu wenig Eigenkapital

Es mag selbstverständlich klingen, dass Finanzierungen nicht bewilligt werden, weil zu wenig Eigenkapital vorhanden ist. Ich möchte Ihnen aber auch die Sichtweise von Banken hierauf zeigen.

Dabei steht die Frage im Raum, warum Sie es bisher – durch Konsumverzicht – nicht geschafft haben, etwas Eigenkapital aufzubauen. Bei Menschen im Alter von ca. 30 Jahren ist dies noch nicht so entscheidend: Sie haben noch ungefähr 35 Jahre bis zum Ruhestand und können durch diesen langen Zeitraum höhere Schulden auch mit geringeren Raten abzahlen.

Sind Sie jedoch schon jenseits der 40 und verfügen nicht über ein überdurchschnittliches hohes Einkommen, wird es ohne Eigenkapital fast unmöglich, das Darlehen vor der Rente zurückbezahlt haben. Und das ist das Ziel der Bank (auch aufgrund von gesetzlichen Vorschriften[5]). Auch steigt mit zunehmendem Alter das Risiko, dass Sie (teilweise) arbeitsunfähig werden, wodurch sich Ihr Einkommen zusätzlich reduziert.

Beginnen Sie also rechtzeitig vor der Finanzierungsanfrage, zumindest etwas Eigenkapital aufzubauen, mit dem z.B. die Nebenkosten bezahlt werden können. Gleichzeitig merken Sie dadurch,

---

5   Wohnimmobilienkreditrichtlinie

ob Sie die höhere monatliche Belastung (ggü. der bisherigen Miete) auch tatsächlich stemmen können.

Für ein solches Vorhaben sind Bausparverträge gut geeignet. Sie können später als Finanzierungsbaustein integriert werden. Gleichzeitig ist das angesparte Guthaben etwas besser vor möglichen „Konsumverführungen" geschützt. Liegt das Geld auf einem Tagesgeldkonto, ist es schnell verfügbar. Bei einem Bausparvertrag ist dies schon etwas aufwändiger.

Zu wenig Zeit

Die Nachfrage nach Immobilien ist auch in der Coronakrise ungebrochen. Viele Menschen wollen sich den Traum vom Eigenheim verwirklichen. Jede Immobilie kann aber nur einmal verkauft werden. Ist ein passendes Haus oder eine Wohnung gefunden, geht der Weg zum Baufinanzierungsberater.

Oftmals dauert es mehrere Tage, bis ein Termin stattfinden kann. Weitere Zeit vergeht, bis alle erforderlichen Unterlagen zusammen sind. Danach beginnt die Bank mit der Prüfung der Anfrage, was gerne zwei bis drei Wochen in Anspruch nehmen kann.

Sie können sich vorstellen, dass alles in allem vier Wochen dauert. In dieser Zeit könnte der bisherige Eigentümer die Immobilie wahrscheinlich mehrfach verkaufen. Längst haben andere Kaufinteressenten zugeschlagen, bis Sie eine Finanzierungsbestätigung erhalten.

Planen Sie deshalb Ihre Finanzierung rechtzeitig im Voraus. Ich erlebe es in der Praxis immer wieder, dass Finanzierungen am Faktor Zeit scheitern – was vollkommen unnötig ist.

Negative Schufa

Die Schufa ist eine Einrichtung, mit Hilfe derer Banken und andere Unternehmen die Kreditwürdigkeit ihrer Kunden überprüfen können. Dort sind Daten sehr vieler Bundesbürger gespeichert. Täglich gehen deutlich mehr als 100.000 Anfragen von Kreditinstituten oder z.B. auch Telekommunikationsunternehmen ein.

Gleichzeitig werden auch Kreditanfragen, Girokonten, Handyverträge und Ähnliches gespeichert. Wenn Darlehen oder Rechnungen nicht pünktlich bezahlt werden, wird dies ebenfalls archiviert. Die Schufa errechnet aus diesen Daten einen „Score". Dieser gibt darüber Auskunft, wie wahrscheinlich es ist, dass Sie zahlungsfähig sind und bleiben.

In der Praxis kommt es vor, dass ein Unternehmen oder eine Bank vergisst, negative Einträge – z.B. Darlehensrückstände oder Mahnbescheide – bei der Schufa löschen zu lassen. Diese Daten bleiben über Jahre hinweg von der betroffenen Person unbemerkt stehen. Dies führt dazu, dass der Schufa-Score schlechter ist, als es der Realität entspricht.

Wenn Sie eine Finanzierungsanfrage bei einer Bank stellen, wird Ihr Schufa-Score abgefragt. Möglicherweise sorgen diese schon längst erledigten Altlasten dafür, dass Ihre Finanzierung abgelehnt wird. Sie wundern sich darüber und haben keine Erklärung dafür.

Fragen Sie daher regelmäßig, insbesondere aber rechtzeitig vor einer Finanzierungsanfrage, Ihre Schufa-Einträge ab. Sollten Sie unberechtigte negative Punkte entdecken, gehen Sie auf die Schufa bzw. das Unternehmen zu, das den Eintrag veranlasst hat. Durch die Bereinigung verbessert sich Ihr Schufa-Score und damit die Wahrscheinlichkeit, eine Baufinanzierung zu erhalten.

Sie können Ihre Anfrage direkt bei der Schufa im Internet starten: *www.schufa.de*

Glossar

Auf meiner Internetseite finden Sie eine Übersicht, in der die wichtigsten Fachbegriffe rund um die Baufinanzierung einfach erklärt sind:

www.florian-herfurth.de/baufinanzierungs-lexikon

Nützliche Tools und Rechner

In diesem Buch fanden Sie an unterschiedlichen Stellen immer themenbezogen Hinweise und Links zu nützlichen Rechnern und anderen Tools. Hier finden Sie nochmal alles kompakt zusammengestellt:

Übersichtsseite mit allen Verlinkungen:
www.florian-herfurth.de/baufi

Volltilgungsrechner:
www.florian-herfurth.de/volltilgungsrechner

Angebotsvergleichsrechner:
www.florian-herfurth.de/angebotsvergleichsrechner/

Budgetrechner:
www.florian-herfurth.de/budgetrechner

Mietkaufrechner:
www.florian-herfurth.de/mietkaufrechner

Vorfälligkeitsentschädigungsrechner:
www.florian-herfurth.de/vorfaelligkeitsentschaedigungsrechner

Notar- und Grundbuchrechner:
www.florian-herfurth.de/notarkosten

Zins-Check:
www.florian-herfurth.de/zins-check

Baufinanzierungslexikon:
www.florian-herfurth.de/baufinanzierungs-lexikon

Newsletter mit regelmäßigen Informationen zu Baufinanzierungen, wie z.B. aktuelle Fördermöglichkeiten:
www.florian-herfurth.de/newsletter

Notfallordner mit vielen nützlichen Vorlagen und Checklisten, wie z.B. Budgetplanung und Vermögensbilanz:
www.florian-herfurth.de/notfallordner

Wichtiger Hinweis: Alle hier angeführten Rechner und Tools sind sorgfältig zusammengestellt und funktionierten zum Zeitpunkt der Bucherstellung einwandfrei. Wie immer schreitet die technische Entwicklung schnell voran und manches kann sich ändern. Sollte einer der Links nicht mehr funktionieren oder es zu inhaltlichen Änderungen gekommen sein, werfen Sie einen Blick auf meine Übersicht:

www.florian-herfurth.de/baufi

Über den Autor

Florian Herfurth (geb. 1975) war 28 Jahre als Angestellter in Banken aktiv, davon 17 Jahre als Führungskraft. Er war bei Finanzdienstleister-Konzernen wie der Allianz und der BNP Paribas tätig, aber auch bei Vermögensspezialisten aus  dem genossenschaftlichen Bereich, wie dem mehrfach ausgezeichneten Bankhaus Jungholz. Bei der Consorsbank war er u.a. für den Aufbau der Baufinanzierungsberatung verantwortlich.

Regionale Schwerpunkte bildeten Deutschland, Österreich und die Schweiz, aber auch Projekte u.a. in Frankreich, Großbritannien und den USA haben ihm umfassendes Insiderwissen über die Arbeitsweise von Banken und Versicherern vermittelt. 2019 gründete er das Unternehmen „Die Finanzboutique GmbH", womit er Menschen zur Vermögensanlage (u.a. in Immobilien) und Immobilienfinanzierung berät nach seinem Motto: „Anders als Ihre Bank – ganz in Ihrem Interesse".

Auch privat ist er als Immobilieninvestor tätig und hat für sich wiederholt Baufinanzierungen – sowohl für das Eigenheim als auch zur Kapitalanlage – abgeschlossen. Er kann sich aus eigener Erfahrung daher gut in die Situation von Immobilienkäufern hineinversetzen.

Dieses Expertenwissen floss in seine Tätigkeit als Banker ein und war Anstoß für dieses Buch. Herfurth ist regelmäßig als Redner tätig, u.a. vor Unternehmerverbänden, Marketing- und Serviceclubs, Hochschulen, Aktionärsclubs und Privatanlegern. Außerdem arbeitet er als Dozent an Bildungseinrichtungen. Er ist ausgebildeter Generationenmanager (EBS) und Estate Planner (EBS). Florian Herfurth hat eine Tochter und lebt in Kempten (Allgäu).

Mein Angebot

Sie sind auf der Suche nach Ihrer Traumimmobilie und benötigen dafür eine individuelle Finanzierung zu Topkonditionen. Oder Sie sind bereits Immobilienbesitzer und benötigen Kapital oder eine Anschlussfinanzierung. Auch für Immobilieninvestoren habe ich passende Angebote. Egal welches Finanzierungsvorhaben bei Ihnen ansteht – ich bin Ihr Partner, um die für Sie beste Baufinanzierung am Markt zu finden und Sie im gesamten Prozess zu unterstützen, zu coachen und mit Rat und Tat zur Seite zu stehen.

Statt wie angestellte Bankberater nur die Produkte der eigenen Bank zu verkaufen, beobachte ich unabhängig den gesamten Markt nach den besten Angeboten. Ich habe ein umfassendes Netzwerk von über 400 Finanzierungspartnern, woraus ich die beste Baufinanzierung für Sie herausfiltere.

Und das Beste: Meine Erstberatung ist für Sie kostenfrei! Falls Sie eine von mir empfohlene Finanzierung abschließen, erhalte ich von der Bank hierfür eine Provision – Sie selbst bezahlen mir in diesem Fall kein Honorar. Ihr persönliches Angebot können Sie hier anfordern:
www.florian-herfurth.de/baufinanzierung-mit-top-kondition/

Bequemlichkeit

Statt bei verschiedenen Banken vorzusprechen, jedes Mal die gleiche Geschichte zu erzählen und den kompletten Satz an Unterlagen einzureichen, müssen Sie dies bei mir nur einmal machen. Selbst wenn es mit der gewünschten Immobilie nicht klappt, haben Sie bereits für die nächste Anfrage vorgearbeitet. Ihre Daten bleiben auf Wunsch in meiner EDV gespeichert. Wenn Sie ein anderes passendes Objekt gefunden haben, ergänze ich einfach die Angaben zur neuen Immobilie. Oft kann ich mir diese direkt vom Verkäufer oder Makler beschaffen. Dadurch sparen Sie Zeit und Nerven.

Ich stehe Ihnen dauerhaft als Ansprechpartner zur Verfügung: in meinem Büro, telefonisch oder per Online-Live-Beratung.

Exklusivität

Im Gegensatz zu angestellten Bank- oder Versicherungsberatern (oder besser: Produktverkäufern) bin ich ausschließlich für Sie tätig. Ein Angestellter ist den Interessen seines Arbeitsgebers verpflichtet, dieser bezahlt schließlich sein Gehalt. Aus diesem Grund hat der Berater ein Interesse, eine möglichst hohe Marge für seine Bank durchzusetzen. Dies bedeutet für Sie womöglich einen höheren Preis (= Zins), als wenn Sie das gleiche Finanzierungsprodukt über mich abschließen würden.

Ich bin hingegen ausschließlich Ihrem Interesse verpflichtet – schließlich verdiene ich dann Geld, wenn Sie Ihre Baufinanzierung über mich abschließen. Sie haben dadurch die Gewissheit, dass ich mein ganzes Engagement dafür einsetze, die ideale Finanzierung für Sie zu finden. So kann ich in einigen Fällen ein günstigeres Angebot für Sie herausholen, als Sie selbst bei der gleichen Bank erhalten würden. Durch diese Exklusivität haben Sie einen kompetenten Partner an der Seite, der ausschließlich Ihre Interessen verfolgt.

Individualität

Keine Finanzierung ist gleich – darum berate ich Sie auch nicht nach einem Standardprozess, der mittlerweile bei vielen Finanzierern Usus ist. Für die meisten Menschen ist ein möglichst niedriger Zinssatz die oberste Priorität bei ihrer Baufinanzierung. Für mich ist dies ein wichtiger Punkt – bei Weitem aber nicht der einzige.

Wer wenig Eigenkapital hat, wird zuerst Wert darauf legen, überhaupt eine Finanzierung zu erhalten, der Zinssatz hat in diesem Fall geringere Bedeutung. Bei Personen mit hohem Einkommen (z.B. Bonuszahlungen) kann ein wichtiger Faktor sein, über Sondertilgungen das Darlehen möglichst schnell zurückzahlen zu können. Onlinebanken bieten oft sehr attraktive Konditionen, sind aber für Menschen ungeeignet, die einen persönlichen Ansprechpartner vor Ort haben möchten.

Sie sehen, die ideale Finanzierung muss zu Ihrer individuellen Situation passen und nicht „von der Stange" sein. Mit meiner Beratung bekommen Sie eine auf Ihre persönliche und finanzielle Situation zugeschnittene Baufinanzierung.

Sicherheit

Die meisten Menschen kaufen nur einmal im Leben eine Immobilie und schließen daher auch nur einmal eine Baufinanzierung ab. Die Materie ist jedoch komplex, nicht jeder will sich in die dazugehörende Finanzmathematik und das Banker-Deutsch einarbeiten. Allerdings ist es von großer Bedeutung, die richtige Finanzierung für den individuellen Bedarf zu erhalten. Sie müssen die Sicherheit haben, in diesem vielschichtigen Prozess richtig betreut zu werden.

Durch meine langjährige Erfahrung bin ich Ihr Partner und berate und coache Sie. Sie erhalten hierdurch die Sicherheit, nicht „über den Tisch gezogen zu werden", sondern eine einfache und allgemein verständliche Beratung und Betreuung zu erhalten. Sie müssen nicht mit verschiedenen Banken verhandeln – das übernehme ich für Sie!

Zusätzlich betreue ich Sie gerne auch nach Abschluss der Finanzierung. Viele Berater verlieren danach das Interesse am Kunden, da danach in der Regel keine Produkte mehr verkauft werden können. Ich sehe dies komplett anders: Ich bin Ihr Ansprechpartner und betreue Sie ganzheitlich bei allen Fragen und Wünschen.

Sparsamkeit

Die Immobilienpreise sind in den letzten Jahren stark angestiegen. Es gibt Prognosen, dass dieses Szenario weiter anhält. Für einen Hauskauf müssen nicht selten EUR 500.000, EUR 1.000.000 oder noch mehr bezahlt werden. Sie müssen nicht Finanzmathematik studiert haben, um festzustellen, dass sich durch eine günstigere Finanzierung schnell mehrere Tausend Euro einsparen lassen.

Bei einer Finanzierung über EUR 500.000 (anfängliche Tilgung 2,5 % p.a.) sparen Sie sich bei einem um 0,1 % niedrigeren Zins bereits knapp EUR 10.000 an Zinsen. Es ist also ganz entscheidend, einen möglichst günstigen Zinssatz herauszuholen. Hierbei unterstütze ich Sie. Sie müssen nicht mühsam mehrere potentielle Finanzierungspartner abklappern, diese Abstimmung übernehme ich für Sie.

Auch bei Darlehensverlängerungen („Prolongation") kommt es auf Verhandlungsgeschick an, denn nicht immer ist das Angebot des aktuellen Finanzierers das günstigste. Allerdings entstehen bei einem Wechsel zu einer anderen Bank zusätzliche Kosten für die Änderung der Grundschuld durch den Notar und das Grundbuchamt. Ich berate Sie auch hier, wie Sie sich am meisten Geld sparen können.

Selbstverständlich werden auch staatliche Fördermöglichkeiten berücksichtigt, z.B. in Form von Zuschüssen oder verbilligten Krediten.

Schnelligkeit

Bei Finanzierungen muss es oft schnell gehen. Gerade bei gebrauchten Immobilien mit einer fairen Preisvorstellung des Verkäufers stehen die Interessenten Schlange. Der Verkäufer gibt die Immobilie bei gleich hohen Preisangeboten meistens an denjenigen, der als Erster zusagt. Dafür benötigen Sie eine Finanzierungsbestätigung.

Wenn Sie in dieser Phase erst nach der passenden Bank suchen müssen und schon die Terminvereinbarung über eine Woche dauert, haben Sie schlechte Karten, die Immobilie kaufen zu können.

Ich speichere Ihre Daten – auf Wunsch – in meiner EDV und aktualisiere nur die Daten zum jeweiligen Objekt. Somit kann ich kurzfristig ein Angebot erstellen und Sie erhöhen damit Ihre Chancen, Ihre Traumimmobilie auch erwerben zu können.

Finanzierungsmöglichkeiten

Mein Ziel ist es, Ihnen die breiteste Produktpalette, die besten Konditionen und die höchste Machbarkeit zu bieten, die es am deutschen Baufinanzierungsmarkt gibt. Momentan kann ich Ihnen folgendes Angebot unterbreiten:

- Beleihung bis 111 % des Kaufpreises/Verkehrswerts
- Darlehenssummen ab EUR 25.000 (keine Obergrenze)
- Objekte in ganz Deutschland (derzeit noch keine Auslandsimmobilien)
- Alle Beschäftigungsarten (auch Selbstständige, Privatiers etc.)
- Alle Finanzierungsvorhaben (Kauf einer bestehenden Immobilie, eigenes Bauvorhaben, Kauf eines Neubaus, Anschlussfinanzierung/Modernisierung, Kapitalbeschaffungen für andere Zwecke)
- Alle Nutzungsarten (Eigennutzung, Gemischtnutzung, Vermietung)
- Mehrfamilienhäuser (Einzelfälle müssen vorab geprüft werden)
- Teilgewerblich genutzte Objekte (max. 50 %, z.T. Einschränkungen vorhanden)
- In Einzelfällen Finanzierungen mit negativer Schufa möglich

Ihre individuelle Baufinanzierung können Sie hier kostenfrei ermitteln.

www.florian-herfurth.de/baufinanzierung-mit-top-kondition/

Meine Produktpalette

Folgende Finanzierungsarten stehen für Sie bereit:

- Darlehen mit gebundenem Sollzinssatz – maximale Kalkulationssicherheit
  - Annuitätendarlehen – der Klassiker mit festem Zins und fester Rate
  - Volltilger-Darlehen – schneller schuldenfrei mit hoher Tilgung
  - Konstant-Darlehen – feste Rate und fester Zins bis zur kompletten Darlehensrückzahlung
  - Zinszahlungsdarlehen (Tilgungsaussetzung) – Steueroptimierung für Kapitalanleger
  - Forward-Darlehen – die Zinsen von heute für die Anschlussfinanzierung sichern

- Darlehen mit veränderlichem Sollzinssatz – große Flexibilität
  - Flex-Darlehen – variable Zinsen und eine 100-%-Sondertilgungsoption
  - Kombi-Darlehen – feste Sollzinsbindung mit variablem Darlehensteil kombiniert
  - Cap-Darlehen — variable Darlehen mit Zinsobergrenze

- Fördermittel, Bausparen und Wohnriester – Unterstützung von „Vater Staat" für die Immobilienfinanzierung
  - Wohn-Riester-Annuitätendarlehen – Riester-Förderung für die Immobilienfinanzierung
  - Fördermittel der KfW – zinsgünstige Förderdarlehen vom Bund
  - Fördermittel der Bundesländer – zinsgünstige Förderdarlehen von den Bundesländern
  - Bausparen – günstige Zinsen schon lange im Voraus sichern